心理学的支援法

カウンセリングと心理療法の基礎

末武康弘

誠信書房

はじめに

　本書『心理学的支援法――カウンセリングと心理療法の基礎』は，大学における心理学的支援法に関する授業のテキストとして執筆したものである。筆者は，カウンセリングや心理療法による心理支援の実践に携わるようになって約30年，また大学でカウンセリングや臨床心理学などの授業を担当するようになって約25年の経験を積み重ねてきた。こうした経験をもとに，ここ数年，カウンセリングや心理療法に関するテキストをまとめたいという気持ちをもつようになっていたが，折しも2017年9月に公認心理師法が施行され，2018年4月より公認心理師養成のカリキュラムがスタートすることになった。そこで，そのカリキュラムの必修科目となった心理学的支援法のテキストとして使用できる本を上梓しようと考えた次第である。

A．本書の特徴
　本書は心理学的支援法を学ぶ初学者にとってのわかりやすいテキストであると同時に，段階を追って，より専門的な内容が学習できるように，以下のような工夫を行った。
　1．**学習のポイント**：まず，各章の冒頭に「学習のポイント」を簡潔に記載し，その章で何を学ぶのかについて，具体的な手がかりを明示した。読者は，この「学習のポイント」によって，各章でどのような内容を学習するのかの見通しをつかんでほしい。
　2．**本文および図・表**：本書では，本文そのものをできる限りわかりやすい表現で記述するとともに，関連する資料やデータ，イメージなどを図あるいは表として掲載した。
　3．**用語集**：どのような専門分野においても，初学者が学習に困難を感じる点は，その分野で使用される専門用語への不慣れに伴うものだろう。本書

では，専門用語について巻末に用語集として解説を付し，五十音順に掲載した。

　4．**関連トピック**：本文の記述に関連する研究成果や議論については，「関連トピック」として本文に付加するかたちで解説を加えた。「関連トピック」には，初学者にとってはやや専門的に感じられるテーマが含まれている場合もあるので，まずは本文の内容を十分に理解したうえで「関連トピック」へと進み，段階的に学習を深めてほしい。

　5．**エクササイズ**：心理学的支援法の学習は，知的で概念的な理解だけでは十分とは言えない。実際の心理支援に活かすためには，体験的で実感を伴う学習があわせて求められる。本書では各章に「エクササイズ」を設けて，本文の内容理解を深めるための，各自で取り組む，あるいは2人や少人数のグループによる実習とディスカッションのための課題を提示した。読者の体験的な学習や，授業におけるアクティブラーニングの素材として活用してもらいたい。

　6．**実践への示唆**：本書で学ぶ心理学的支援法についてのさまざまな理論と方法が，断片的な知識としてバラバラに理解されるのではなく，一貫した総合的な枠組みの中に位置づけられるように，各章における学習を段階的に実践に結びつけていくための「実践への示唆」を記載した。

　7．**発展課題**：各章の本文の最後には，その章の学習をさらに拡充し，深めるための「発展課題」を設けた。読者各自のさらなる学習の手がかりとして，あるいは授業におけるホームワークの材料として参考にしてほしい。

　8．**理解度確認テスト**：各章の末尾に，その章の内容をどの程度理解できたかを確認するためのテストを用意した。各章とも10問のテストが設けられている。その章の本文の内容が理解できたかどうかのチェックのために活用してもらいたい（各章の理解度確認のおおよその目安は8問以上の正解である）。

　B．**本書の使用法**

　本書の使用法については，以下のことが考えられる。

　第一に，心理学的支援法を初めて学ぶ学習者にとってのテキストとしての

活用である。本書では，初学者にも心理学的支援法の基礎がわかりやすく理解できるように，「学習のポイント」や「エクササイズ」などを設けて，学習がスムースに進むように工夫した。本文もなるべくわかりやすい表現で記述することに努めた。読者は，各章の内容について，まずは本文を中心に理解し，各章末の「理解度確認テスト」によって学習の基本的な達成度を確認してほしい。そのうえで，「関連トピック」や「実践への示唆」へと進み，さらに「発展課題」に取り組むことで，段階的により専門的な内容へと進んでいくことができる。

　第二には，すでにカウンセリングや心理療法をはじめとした心理学的支援法について基本的な内容を学習した読者（いわゆる中級者）にとっても，本書はそれらの内容を再確認し，拡充するためのテキストとして活用できる。各章末の「理解度確認テスト」によって心理学的支援法の全体についての理解を確認し，本文だけでなく，「関連トピック」の内容を深く理解し，「エクササイズ」や「発展課題」についても時間をかけて取り組んでもらいたい。

　第三には，専門的な学習や実習に取り組んでいる大学院生（いわゆる上級者）や，臨床現場で心理支援に取り組んでいる実践者の人たち（いわゆる専門家）にも，これまでに学んできたさまざまな理論や方法を統合し，よりよい臨床実践を行うための参考書として活用してほしい。

　本書が，ひとりでも多くの学習者にとって意味ある学習素材として活用され，心理学的支援法への関心を提供することができるならば，筆者にとって望外の喜びである。

　本書は多くの方々のご厚意やご協力によって完成することができた。私も共著者のひとりとなって先に出版された『産業カウンセリング――産業カウンセラー養成講座テキスト』からは，私の執筆箇所のいくつかを加筆修正するかたちで引用させていただいた。編集・発行元の一般社団法人日本産業カウンセラー協会に感謝したい。また，佐藤篤司氏（東京福祉大学），金築優氏（法政大学）をはじめとする方々からは，それぞれの専門分野から貴重な示唆や助言を頂戴した。なお，本書のイラストや用語集の編集については，法政大学大学院臨床心理学専攻の大学院生・蓑英里香さんの協力を得た。こう

した方々に，紙面を借りて感謝の気持ちをお伝えしたい。

　最後に，本書の企画から出版までお力添えをいただいた誠信書房の布施谷友美氏に心よりお礼申し上げる。

2018 年 2 月

末武　康弘

目　　次

はじめに　*iii*

第1章　心理学的支援法への誘い　*1*
1．導入──現代社会と心理支援・心理学的支援法　*1*
2．心理支援，心理学的支援法とは　*4*
3．本書で使用する用語について　*6*

第2章　心理学的支援法の特質　*11*
1．心理学的支援法の特質　*11*
2．心理学的支援法の効果　*17*
3．心理学的支援法の限界　*23*

第3章　心理学的支援法はどのような問題を対象とするのか　*26*
1．心理的問題の背景や成因　*26*
2．各発達段階に見られる心理的問題　*28*
3．その他の心理的問題　*36*

第4章　心理学的支援法はどのように発展してきたのか　*40*
1．心理療法（サイコセラピー）とカウンセリングの歴史的背景　*40*
2．心理療法（サイコセラピー）とカウンセリングの合流と発展　*45*

第5章　心理学的支援法のさまざまな理論と方法　*52*
1．心理学的支援法の現在までの発展　*52*
2．カウンセリング／心理療法の主要なパラダイム　*56*

3．カウンセリング／心理療法のさまざまな理論と方法　*57*

第6章　心理学的支援法の主要理論（その1）
　　──心理学的支援法の基礎としてのパーソンセンタードセラ
ピー　*64*
　　1．カウンセリング／心理療法におけるパーソンセンタードセラピーの特
　　　質　*64*
　　2．パーソンセンタードセラピーの理論　*67*
　　3．パーソンセンタードセラピーの基本的な方法　*73*

第7章　心理学的支援法の主要理論（その2）
　　──パーソンセンタードセラピーの発展的方法とヒューマニス
ティックセラピー　*79*
　　1．エンカウンターグループとパーソンセンタードアプローチ（PCA）
　　　79
　　2．パーソンセンタードセラピーの発展的方法　*81*
　　3．パーソンセンタードセラピー以外の主要なヒューマニスティック
　　　セラピー　*88*

第8章　心理学的支援法の主要理論（その3）
　　──精神分析と精神力動的セラピー　*94*
　　1．精神分析と精神力動的な理論　*94*
　　2．精神力動的セラピーの主要な方法　*106*

第9章　心理学的支援法の主要理論（その4）
　　──認知行動療法　*112*
　　1．認知行動療法とは　*112*
　　2．認知行動療法の主要な理論　*114*
　　3．認知行動療法の主要な方法　*119*

目　次 ix

第10章　心理学的支援法の主要理論（その5）
——その他の理論と方法　127
1．家族療法とブリーフセラピー　127
2．クリエイティブセラピー（表現芸術療法）　133
3．現代的で統合的な諸理論　135
4．民族文化療法（エスノセラピー）　138
5．折衷的・統合的・多元的アプローチ　140

第11章　心理学的支援法のプロセスと実際　144
1．心理学的支援法のプロセス　144
2．心理支援の実際と留意点　149

第12章　心理学的支援法をさらに学ぶために　166
1．理論や方法についての知識的学習　167
2．演習と実習による体験的な学習　168
3．実践におけるトレーニング　171

理解度確認テストの解答　177
用　語　集　179
文　　　献　193
人名索引　199
事項索引　201

第1章

心理学的支援法への誘い

学習のポイント

- 心理支援や心理学的支援法が求められるようになったのは，どのような背景からだろうか。
- 心理支援，心理学的支援法とは何か。
- 本書で使用する用語について。

1．導入——現代社会と心理支援・心理学的支援法

現代の社会の中で，心理支援や心理学的支援法はなぜ求められるようになり，実践されるようになってきたのだろうか。心理学的支援法への導入として，まずこうした問題から考えてみよう。

(1) さまざまな心理的問題や心理的苦悩への関心

現代社会において心理支援や心理学的支援法が求められるようになった大きな背景としては，現代社会における心理的問題や心理的苦悩への関心の高まりがある。いじめ，不登校，ひきこもり，自殺，児童虐待，DV（ドメスティック・バイオレンス），ハラスメント，トラウマ（心理的外傷）などの問題や，これらに関連したさまざまな心理的苦悩，鬱（うつ）をはじめとした種々の精神疾患，自閉スペクトラム症やAD/HD（注意欠如・多動症）などの発達障害，その他さまざまな人間の心（感情や認知，行動などを含めた）に関わる問題に対して，適切な理解や支援が求められるようになってきている。

こうしたさまざまな心理的な問題や苦悩，障害などに対して，以前にも増して社会の関心が高まり，理解や支援の必要性が認識されるようになったことが，心理支援や心理学的支援法へのニーズの高まりの最も大きな要因であると言える。

関連トピック1.1：さまざまな心理的問題への関心

厚生労働省は2013年に，それまで4大疾病とされていたがん（悪性新生物）・脳血管疾患（脳卒中など）・虚血性心疾患（急性心筋梗塞など）・糖尿病に，新たに精神疾患を加え，5大疾病とした。これは，自殺の大きな背景として鬱などの精神疾患があることに注目したうえでの改定である（厚生労働省が2008年に実施した患者調査によると，精神疾患の患者数は約323万人で，4大疾病で最も患者数が多い糖尿病の約237万人を大きく上回っていた）。

また，小中学校や高等学校における不登校者数やいじめの認知件数は，年度によって多少の増減はあるものの，決して低いとは言えない水準で推移している（文部科学省の平成28〈2016〉年度『児童生徒の問題行動調査』によると，不登校者数は小・中・高校の合計で18万2,977名，いじめの認知件数は小・中・高校・養護学校の合計で32万3,808件だった）。

そして，児童虐待の相談・対応の件数も年々増加しており，2016年度中に全国の児童相談所が児童虐待相談として対応した件数は12万2,578件だった。

さらに，2016年には発達障害者支援法が改正され，学校や社会において自閉スペクトラム症などの発達障害を抱える児童や成人への適切な支援がいっそう求められるようになった。

その他さまざまな心理的な問題や苦悩，障害などに対して，理解や支援の必要性が認識されるようになってきている。

（2） 現代社会における人の個性や心の尊重

　しかし，心理支援や心理学的支援法への関心やニーズの高まりは，心理的問題や苦悩への注目という，解決を迫られているいずれかと言えばネガティブな理由だけから生じたものではない。そこには，一人ひとりの個人がもつ意思や感情を理解し尊重しようとする，ポジティブな現代社会の動向もある。

　人はそれぞれ異なる価値観や行動様式をもっている。また，同じ個人でも，経験や成長に伴ってその価値観や行動様式を変化させ，発展させながら生きている。そして現代社会は，徐々にではあるが，こうした人のさまざまな違いを尊重するようになり，個人の外側にある規範や要求に従って生きることよりも，それぞれの人がその人固有の心身の機能や個性を社会の中で活かしながら，より豊かで充実した生き方を見出していくことを支える方向へと動いてきている。

　このような現代社会の動きが，一人ひとりへの個別的な援助としてのカウンセリングや心理療法といった心理支援・心理学的支援法が求められるようになってきた背景にある。

（3） 心理支援の専門職や資格制度の整備

　わが国において，カウンセリングや心理療法といった専門的な心理支援の活動が始まったのは，主に第二次世界大戦後のことである。児童相談所などの公的機関における相談活動，大学における学生相談所の設置，小・中・高校における教育相談の実践，精神神経科の病院やクリニックをはじめとした保健医療分野における心理治療の提供，産業や福祉の分野におけるカウンセリングや心理臨床の活動など，さまざまな活動や実践の蓄積によって，日本の社会の中にカウンセリングや心理療法などの心理支援活動が浸透していった。

　1988年より臨床心理士の資格認定制度が始まり，心理支援を行う専門職についての社会的認知がさらに高まることとなった。1995年度からは臨床心理士をスクールカウンセラーとして配置する，公立学校におけるスクールカウンセラー事業が開始され，各都道府県の公立の小学校，中学校，高等学

校への派遣が行われるようになった。臨床心理士は，教育の分野だけでなく，保健医療，福祉，産業，司法矯正，その他の幅広い領域で活動しており，その数は 2016 年度には全国で 3 万 1 千名を超えるに至っている。

　そして 2015 年に公認心理師法が公布され，2017 年 9 月 15 日に施行された。公認心理師は，保健医療，福祉，教育その他の分野において，心理学に関する専門的知識と技術をもって，次の行為を行う者である。①心理に関する支援を要する者の心理状態の観察，その結果の分析。②心理に関する支援を要する者に対する，その心理に関する相談及び助言，指導その他の援助。③心理に関する支援を要する者の関係者に対する相談及び助言，指導その他の援助。④心の健康に関する知識の普及を図るための教育及び情報の提供。

　公認心理師という国家資格の整備によって，心理支援を行う専門職がこれまで以上に社会的に認められることになり，心理支援および心理学的支援法に関するニーズと関心もいっそう高まることは間違いない。

２．心理支援，心理学的支援法とは

（1）新しい用語としての心理支援，心理学的支援法

　心理支援および心理学的支援法という言葉は，わが国における心理学の専門用語としては比較的新しく登場したものである。これらは，国家資格としての公認心理師が法的に位置づけられ，その養成カリキュラムが編成される中で名称化された用語である。

　従来は，臨床心理学やカウンセリング心理学などに基づく心理学的な支援や援助は，カウンセリングや心理療法（サイコセラピー）と呼ばれることが多かった。しかし，カウンセリングと心理療法を包含する広義の用語はこれまで明確にはなかったことに加えて，サイコセラピー（psychotherapy）については医学の分野では精神療法と訳されて実践されてきたので，心理学に固有の用語とは言えない面もあった。したがって，公認心理師のカリキュラムにおいて，心理学の分野に固有の，そしてカウンセリングや心理療法（およびその他の支援法）を包含する心理支援，そして心理学的支援法という新

たな用語が導入されるようになったことは，まさに時宜を得たものであると言えるだろう。

(2) 心理支援とは

本書では，「心理支援」という言葉を，人々の心理的な問題や苦悩に関わるさまざまな支援活動の総称として用いる。そこには，問題や苦悩を抱える当事者への支援に加えて，家族や関係者への支援，地域支援，心の健康教育などを含めたその他のさまざまな支援活動が含まれる。そして，心理支援の活動は，時代の変化や社会的なニーズの移り変わりや拡大に伴って，その範囲や役割も変容していくものである。

(3) 心理学的支援法とは

また本書では，「心理学的支援法」という用語を，臨床心理学やカウンセリング心理学をはじめとした心理学を基礎とする，専門的な心理学的諸方法の意味で使用する。図 1.1 に示したように，心理学的支援法は，カウンセリングと心理療法を中心としながら，アウトリーチ（訪問による支援），コンサルテーション，心理教育／予防，その他の方法（危機介入，心のケア等）

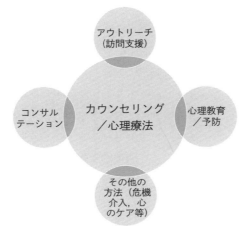

図 1.1　主要な心理学的支援法

の諸方法から構成される。

3．本書で使用する用語について

　本書を通して心理学的支援法を学習するにあたって，読者の概念的な混乱をなるべく避けるためにも，本書で使用する用語のうち基本的なものについて整理しておきたい。

(1) 心理支援，心理学的支援法

　前述したように，本書では，**心理支援**（▶「用語集」）という言葉を，人々の心理的な問題や苦悩に関わるさまざまな支援活動の総称として，また**心理学的支援法**（▶「用語集」）という用語を，臨床心理学やカウンセリング心理学をはじめとした心理学を基礎とする，専門的な心理学的諸方法の意味で使用する。したがって，この両者の関係としては，心理支援という幅広い活動の中に，その活動を専門的かつ科学的なかたちで構成する心理学的支援法が包含される，と言うことができる。あるいは，後者（心理学的支援法）が前者（心理支援）の活動に対して，専門性や科学性を提供する，と言うこともできるだろう。

(2) カウンセリング，心理療法

　カウンセリング（▶「用語集」）と**心理療法**（▶「用語集」）は，心理学的支援法の中心に位置づけられる専門的な理論と方法である。カウンセリングは，言語的および非言語的コミュニケーションを通して，クライアントの問題解決や心理社会的機能の促進および人間的成長などを目的に行われる心理学的支援法である。一方，心理療法は，カウンセリングと近い意味で用いられる場合も多いが，いずれかと言えば，より病理的で臨床的な問題を抱えるクライアントへの，より治療的な支援，そして場合によっては，より長期的な支援を指すことが少なくない。

　このように，カウンセリングと心理療法という用語には，重なり合う部分と，そうとは言えない部分があり，研究者や実践者によっても，両者をほぼ

同義であるとするものから，明確に区別するべきであるというものまで，さまざまなとらえ方がある。

　そこで本書では，カウンセリングと心理療法を明確に分けて論じる必要がある場合を除いては，両者をほぼ同義のものととらえて併記するか，一括して「カウンセリング／心理療法」（／は，and と or の両方の意味を表す英文の記号である）という表記を使用する。また，心理療法については，精神医療の領域におけるサイコセラピー（精神療法）との区別が難しい文脈（例えば，サイコセラピーが医療にも宗教にも重なるようなかたちで使用されていた歴史を論じるような場合）でのみ「サイコセラピー」との表記を用いることにし，それ以外はすべて「心理療法」とする。

（3）心理支援者（カウンセラー／セラピスト），クライアント

　本書では，心理支援を提供する側を**心理支援者**（▶「用語集」）と，心理支援の受け手を**クライアント**（▶「用語集」）と表記する。

　従来は，カウンセリングの提供者はカウンセラー，心理療法の提供者はサイコセラピストあるいはセラピストと呼ばれることが多かった。こうした呼称は今後とも変わらずに使用されるだろうし，本書においてもカウンセリング／心理療法を行う者を「カウンセラー／セラピスト」とも表記するが，煩雑さを避けるために，心理学的支援法を用いて心理支援を提供する専門家を一括して「心理支援者」と呼ぶ。

　また，心理支援の受け手については，「被支援者」と呼ぶことも考えられるが，本書では，心理的な問題や苦悩の解決等のニーズを抱え，心理支援を求めている人を「クライアント」と表記する。クライアントとは，もとは法律の分野の用語で，法律家のもとへ自発的に相談をする依頼者の意味で使用されていた言葉である。この用語が 1940 年代以降，心理学の領域にも取り入れられるようになり，カウンセリングや心理療法を受ける主体的な依頼者としてのクライアントという言葉が定着するようになった。なお，心理的な問題を抱える本人が自発的な相談者ではなく，家族や関係する人が来談するような場合もあるが，本書では問題を抱える本人を「クライアント」あるいは「当事者」，家族や関係する人を「関係者」と呼ぶ。

(4) 支援関係（カウンセリング関係／セラピー関係）

　心理学的支援法による支援において，心理支援者とクライアントの間につくられる関係性は，支援の中身や質に影響を与える大きな要因である。従来は，こうした関係性は，カウンセリングでは「カウンセリング関係」あるいは「カウンセラー－クライアント関係」，心理療法では「セラピー関係」あるいは「セラピスト－クライアント関係」などと呼ばれてきた。本書では，こうした用語を一括して**支援関係**（▶**「用語集」**）と表記する。心理学的支援法においては，クライアントとの間に信頼関係に基づいた安全で協働的な支援関係をつくることが大切である。

　実践への示唆1.1：心理学的支援法の基本的な枠組み

　本書で使用する用語によって，心理学的支援法の基本的な枠組みを整理してみる（末武, 2017a）。

Who（誰が）：心理支援者（＊1）が

Whom（誰に）：クライアント（＊2）に

When（いつ）：設定された時間（＊3）で

Where（どこで）：設定された場所（＊4）において

How（どのように）：支援関係（＊5）を通じて

Why（何のために）：クライアントの問題解決，心理社会的機能の向上や
　人間的成長のために（＊6）

What（何を）：必要な支援（＊7）を行う

［解説］

＊1：心理支援者は，カウンセラーあるいはサイコセラピスト，セラピストなどと呼ばれる。カウンセリング心理学や臨床心理学をはじめとした心理学およびその関連領域に精通し，専門的なトレーニングを受け，十分な臨床経験を有する専門家。

＊2：クライアントとは主体的な依頼者の意味である。心理的な問題や苦悩の解決等のニーズをもつ人。

＊3：時間は明確に設定される。標準は1回50分前後（多くは45〜60分の間で設定されるが，場合によってはそれより短い時間や長い時間で設定さ

れることもある）。必要な場合は継続する（週に1回等，頻度や回数等は状況によって調整され決定される）。

＊4：クライアントのプライバシーや心理的安全が守られる部屋や場所（相談室，面接室など）で行う。

＊5：クライアントにとって安全で，信頼関係に基づいた協働的な支援関係を構築する。

＊6：クライアントがより成長した人間として，自ら問題を解決し，心理社会的機能を向上できるようになることが目指される。

＊7：クライアントの問題やニーズに応じて専門的な提案や介入等が行われる際には，安全で協働的な支援関係が保たれたうえで提供される。

エクササイズ1.1：自分が経験した心理学的支援法を振り返る

あなたは，これまでにどんな心理学的支援法（あるいは広い意味での心理支援）を受けたことがあるだろうか？　学校，医療機関，福祉機関など，これまでに経験した中で最も印象に残っている支援を振り返り，その支援について，上記「実践への示唆1.1」と照らし合わせることで，それが心理学的支援法として十分なものであったどうかを考えてみよう。数分間の時間をとってひとりで考えるか，近くの人と話し合ってみよう（話し合う際にはプライバシーに留意すること）。

発展課題

（「エクササイズ1.1：自分が経験した心理学的支援法を振り返る」に関連して）適切な心理学的支援法にはどのような条件や質が必要であるかを考えてみよう。例えば，心理支援者，支援関係，支援場面の設定（時間や場所など），支援の内容，等について。

●───── **理解度確認テスト**（第1章）●─────

問1. 次の文中の空欄1〜5に入る適切な語句を，a〜fの中から選びなさい。

(1) 現代社会において心理〔 1 〕や心理学的支援法が求められるように
なった大きな背景としては，現代社会における心理的問題や心理的
〔 2 〕への関心の高まりがある。

(2) 公認心理師とは，保健〔 3 〕，〔 4 〕，教育，その他の分野におい
て，心理学に関する専門的〔 5 〕と技術をもって，法に定める行為を
行う者である。

　　a. 福祉　b. 苦悩　c. 支援　d. 行為　e. 医療　f. 知識

問2. 次の文章6〜10のうち正しいものには○，誤っているものには×を記入
しなさい。

6. 日本において，カウンセリングや心理療法などの専門的な心理支援の活動
が始まったのは，主に阪神・淡路大震災以後のことである。〔　　　〕

7. 心理学的支援法は，カウンセリングと心理療法を中心にしながら，アウト
リーチやコンサルテーションなどの諸方法から構成される。〔　　　〕

8. カウンセリングは，言語的および非言語的コミュニケーションを通して，
クライエントの問題解決や心理社会的機能の促進および人間的成長などを
目的に行われる心理学的支援法である。〔　　　〕

9. 心理療法は，カウンセリングとは異なり，病理的で臨床的な問題を抱える
患者や障害者への治療的で長期的な支援を意味する。〔　　　〕

10. クライエントとは，もとは医学における患者の意味であり，精神的問題や
苦悩の解決等のニーズを抱え，心理支援を求める人を指す。〔　　　〕

第2章

心理学的支援法の特質

> **学習のポイント**
> - 日常的な会話や相談と異なる，心理学的支援法の特質はどのようなものか。
> - 心理学的支援法と他の専門的な対人的支援法との異同はどういった点にあるのか。
> - 心理学的支援法にはどのような効果があるのか。

1．心理学的支援法の特質

　心理学的支援法，特にカウンセリングや心理療法の特質はどのようなものかについて考えてみよう。

（1）心理学的支援法と日常的な会話や相談との違い

　心理学的支援法の特質を理解するために，まず，私たちが日常的に経験している通常の会話や相談との違いを考えてみる（末武，2017a）。

A．心理学的支援法の基本的姿勢

　心理学的支援法，特にカウンセリングや心理療法においては，心理支援者（カウンセラー／セラピスト）が自らの人生経験や価値観などから一方的に助言を与えるのではなく，一人ひとりが独自の存在であるという認識のもとに，クライアントを尊重し，問題や悩みや葛藤などの語りを深く正確に**傾聴**（▶「用語集」）することが重視される。日常的な会話や相談では，理解不足や決めつけなどで場合によっては悩みがさらに深まることもある。心理的支援に

おける関与は，権威的なものや，ストレスや不安を与えるものではなく，クライアントに自由で安全な自己探究を促すような関与であることが求められる。

　心理学的支援法において基本的に求められる傾聴とは，心理支援者がクライアントの言語的および非言語的な表現やその存在全体に積極的に関心を寄せ，その語りや感情に耳を傾け，クライアントが自由にそして主体的に語ることができるように促進することである。傾聴が十分に行われることによって，クライアントは安心して自分を見つめ，主体的に語ることができるようになり，心理支援のプロセスが進展していく。傾聴はさまざまな心理学的支援法の最も基本的な方法として位置づけられるものである。

関連トピック2.1：傾聴の効果についての研究知見

　これまでにカウンセリング／心理療法における傾聴の効果については，次のような研究の知見が見出されている（Cooper, 2008 邦訳 2012；末武, 2017a）。

1．カウンセラー／セラピストの援助的な特性について多数のクライアントに尋ねた研究では，「よい聴き手であること」が最も援助的な特性のひとつとしてあげられた（Glass & Arnkoff, 2000）。

2．同様に，カウンセラー／セラピストの非援助的な行為に関する多数のクライアントを対象とした調査からは，「話をまったく聴かない」が最上位であることが示された（Paulson et al., 2001）。

3．自殺願望をもったクライアントに，自殺行為や自殺願望の克服に役立ったことを尋ねた研究では，「話を聴いてもらうこと」が最も高い評価を受けた項目のひとつだった（35 名による 5 段階尺度〔1 ＝まったく役立たない〜 5 ＝きわめて役立つ〕の評点で平均 4.4 点）（Paulson & Worth, 2002）。

4．多くのクライアントは話を聴いてもらうことを肯定的にとらえている一方で，一部のクライアントは傾聴のみではカウンセリング／心理療法への期待を削がれ，十分な援助を受けられていないという困惑や失望を感じているようだ，ということを示す研究もある（Maluccio,

1979)。

B. 心理学的支援法における支援関係

　さらに，カウンセリングや心理療法を中心とした心理学的支援法では，クライアントとの間に築かれる安全で質の高い支援関係が重要である。日常的な会話や相談では，対話の時間や場所が明確に設定されることはあまりないが，心理的支援では十分な時間と安全な場所が確保され，その中で対話が行われる。明確な時間や場所の設定がなされるのは，カウンセリングや心理療法のセッションを他とは異なる時間・空間として意味づけるためである。また，支援の関係性を質の高いものにするために，十分な話し合いのもとに支援の目標が合意され，明確で安全な設定（時間と場所のほか，行う内容や，行うことができない制限など）がつくられ，共感に基づいた協働によって進められていく。**共感**（▶「用語集」）とは，クライアントの視点から，その人が経験していることや感じていることを正確に理解することである。

関連トピック2.2：支援関係についての研究知見

　心理支援者（カウンセラー／セラピスト）とクライアントの関係性はカウンセリング／心理療法の進展に大きな影響をもつ要因である。これまでの実証的な研究からは，次のような関係要因の重要性が指摘されている（Cooper, 2008 邦訳 2012；末武，2017a）。

　1．目標の合意と協働（goal consensus and collaboration）：カウンセリングや心理療法において達成される目標について，カウンセラー／セラピストとクライアントが十分に話し合い，明確な合意が形成されていること，そしてカウンセリング／心理療法のプロセスに両者が協働的に関与していることは，よりよい結果と高い相関がある。逆に，あいまいな目標設定や合意の欠如，互いに協働しているという意識や実感の低さはカウンセリングや心理療法の進展にとってマイナス要因となる。

　2．作業同盟（working alliance）：もとは精神分析の治療同盟（therapeutic alliance）という概念に由来するものであるが，現在ではカウンセリングや心

理療法全般にとっての重要な関係要因として取り上げられることが多い。これは主に関係性の強固さと質の高さを意味するもので，カウンセリング／心理療法の場面の設定や構造がしっかりとクライアントを支え，援助するものになっているかどうかという要因である。

　３．共　　感（empathy）：支援関係のより人間的で情意的な側面を表す要因で，カウンセラー／セラピストがクライアントの内的な視点からその人を理解しようとする態度によって形成されるものである。パーソンセンタードセラピーが重視する関係要因であるが，現在では，理論的立場や流派を超えてカウンセリング／心理療法に不可欠の要因と見なされるようになっている。

　以上の要因は，どのような理論的立場によってどのような方法を用いる場合にも，欠くことのできない重要かつ基本的な関係要因であると見なされている（Norcross, 2011）。

C．心理学的支援法の専門性

　心理的支援において何らかの専門的な提案や介入が行われる際には，問題の状況やクライアントのニーズを十分に把握したうえで，臨床心理学やカウンセリング心理学などの科学的・臨床的な知見に基づいて，クライアントにとって何が最も必要であるかという点から行われる。

　また，カウンセリングや心理療法では必要に応じて継続した援助を行うことが多い。そのために支援者は時間をかけた心理的支援がどのように進展していくのかというプロセスについて理解していることが求められ，さらにそのプロセスがクライアントにとって安全で意味あるものになるために果たすべき責任（例えば，途中で投げ出したりしない，など）や守るべき倫理（例えば，守秘義務や多重関係の禁止，など）についても深く理解し，それらを体現できることが，日常的な会話や相談を超えた心理的支援の特質であると言える。

（2）心理学的支援法と他の専門的な対人的支援との異同

　心理学的支援法は，他のさまざまな専門的な対人的支援とはどのような共通点や違いがあるのだろうか。教育，医療，ソーシャルワーク，法律相談，

宗教といった主要な対人的支援との異同をおさえておこう（末武，2017a）。

A. 教育と心理学的支援法

　教育と心理学的支援法は，人格の成長を目的とするという点では共通点があり，特に教育相談は教育と心理学的支援法が重なり合う活動であると言える。しかし，教育において文化や価値の伝達が重視される場合には，その目的は心理学的支援法とイコールではない。

B. 医療と心理学的支援法

　医療の分野では精神・神経科を中心にカウンセリングやサイコセラピー（心理療法，精神療法）が実施され，また遺伝カウンセリングなどさまざまなかたちで心理支援の方法が取り入れられている。しかし，医療では疾病や症状の診断と治療が主な目的であり，心理学的支援法の目的はよりポジティブな心理社会的機能の向上や人間的成長といったことを含んでいるという点では両者には違いがある。

C. ソーシャルワークと心理学的支援法

　ソーシャルワークと心理学的支援法には共通点も多いが，ソーシャルワークでは生活環境や社会制度などの環境要因を重視し，クライアントを取り巻くさまざまな社会的な要因へ働きかける点が心理学的支援法との違いである。そこには，ソーシャルワークがクライアントの社会生活の向上や幸福を主な課題とするのに対して，心理学的支援法ではクライアントの心理的で内面的な変化や成長を主要な目的としている，という違いがある。

D. 法律相談と心理学的支援法

　クライアントという用語は，もとは法律相談の依頼者の意味で，その後カウンセリングや心理療法にも取り入れられ，使用されるようになったといった点では，法律相談と心理学的支援法は無関係ではない。しかし法律相談は，あくまでも法的な見方や判断を問題解決のための手続きの根拠としており，その点では心理学的支援法とは異なるものである。

E. 宗教と心理学的支援法

　カウンセリングや心理療法の考え方や手法を積極的に取り入れている宗教の活動もあるが，宗教の基本的な目的が，特定の宗派や教義への信仰による安寧の獲得にあるとするならば，その点は心理学的支援法とは異なると言える。心理学的支援法は基本的に宗教や思想に対しては中立的かつオープンな立場にあるからである。

実践への示唆 2.1：心理学的支援法の特質

　カウンセリングや心理療法をはじめとした心理学的支援法には，以上のようなさまざまな他の専門的な対人支援と重なる部分をもちながら，同時に，次のような固有の特質があると言えるだろう。

1. クライアント一人ひとりの個別的で心理的な側面を重視する。
2. クライアントの問題解決や心理的苦悩の軽減のために，傾聴と共感に基づいた，安全で協働的な支援関係を構築する。
3. クライアントが問題を自分で解決できるようになる人格的な変化や成長を目指す。
4. 心理学の知見に基づいた専門的な介入を提供する。

エクササイズ 2.1：心理学的支援法に適する問題

　あなたや家族，あるいは知人がこれまでに経験してきた困難な問題を振り返り，そのいくつかを書き出してみよう。そして，そのうちのどれが心理学的支援法による対処に適しており，またどれは他の支援法に適しているか，その理由をあげながら，数分間の時間をとってひとりで考えるか，近くの人と話し合ってみよう（話し合う際にはプライバシーに留意すること）。

2．心理学的支援法の効果

(1) 心理学的支援法のさまざまな効果

心理学的支援法，特にカウンセリングや心理療法にはどのような**効果**（▶「**用語集**」）があるのだろうか。心理支援は，人間のさまざまな側面——種々の悩みや問題，行動，対人関係，生き方，価値，選択，人生設計，その他——を扱うので，何をもって心理学的支援法の効果とするのかは難しい問題である。しかし，これまでに蓄積されてきた臨床的な知見から，カウンセリング／心理療法をはじめとした心理学的支援法には次のような効果があるとされている（末武，2017a）。

1．問題となる行動や症状の改善：クライアントのニーズや動機づけにもよるが，軽度の鬱や不安をはじめとした症状の軽減や，怒りや依存といった問題行動の改善にカウンセリング／心理療法の効果が見出されている。

2．心理社会的な安定や機能の改善：心理的苦悩の改善やメンタルヘルスの増進，災害や事故などさまざまな出来事の心理的影響（トラウマなど）からの回復，適切な認知や行動の増加，職場や学校への適応など。

3．対人関係上の問題解決や目標達成：家庭や職場，地域社会などにおける人間関係の特に心理的側面の問題解決，適切な主張性の向上や良好な関係の形成といった対人関係上の目標の達成など。

4．自己についての認識の変化や自信の増大：自己概念の変化，自己受容，自己肯定感や自己効力感の増大，より適切な人生設計やキャリア発達の達成など。

5．問題対処能力の向上や自己成長：問題に向き合い対処する能力の向上，ストレス耐性の増進，心理社会的機能の向上や人間的成長など。

(2) 心理学的支援法の効果を裏づける調査結果

カウンセリングや心理療法をはじめとした心理学的支援法の効果を裏づける調査結果には，例えば次のようなものがある。

アメリカ合衆国（米国）の消費者雑誌『コンシューマーレポート』（*Con-*

sumer Report, 1995）は，何らかの心理的苦悩や依存などの問題でメンタル
ヘルスの専門家にカウンセリングやサイコセラピーを受けた経験をもつ約4
千名から得られた回答を分析し，多くの人々にとってカウンセリングやセラ
ピーが実際に役に立っているという結果を報告している。そこで明らかにさ
れた効果は，主に次の三つだった。

1．**問題や苦悩の緩和**：抱えていた問題や苦悩が緩和されていた。

2．**心理社会的機能の促進**：他者と関係をもち，仕事で生産的になり，
日々のストレスに対処するための能力を改善し，よりよく機能できるように
なる方向へと変化していた。

3．**人間的成長**：自信や自尊心をより強くもつようになり，自分自身をよ
りよく理解するようになり，人生をより楽しむようになっていた。

(3) 心理学的支援法の効果についてのエビデンス

これまでに，欧米での研究を中心として，各種の客観的な心理学的尺度を
用いた量的研究や，クライアントからの報告や聞き取りなどを分析する質的
研究等によって，カウンセリング／心理療法には確かな効果があることが実
証されてきている。

カウンセリング／心理療法の効果について報告された多数の実証的研究を
レビューしたクーパー（Cooper, 2008 邦訳 2012）は，カウンセリングや心
理療法の効果についての**エビデンス**（▶「用語集」）から得られた知見を次のよ
うにまとめている。

1．**カウンセリング／心理療法の有効性**：カウンセリング／心理療法は有
効である。つまり全体的に見て，カウンセリングや心理療法を受けた人は受
けない人に比べて最終的に苦悩が少なくなっている。

2．**クライアント要因の重要性**：カウンセリング／心理療法に対するクラ
イアントの関与の程度と支援関係を活用するクライアントの能力は，結果の
最も強力な予測要因のひとつである。

3．**支援関係の重要性**：心理支援者（カウンセラー／セラピスト）のクラ
イアントへの関わり方は，心理支援者がもつ個人的，実際的あるいは専門的
特性よりも結果にとって重要である。特に，カウンセラー／セラピストの協

働的で，思いやりがあり，共感的で，熟練した関わり方は，よりよい結果と関係している。

　4．**介入技法の有効性**：適切に用いられる技法は，カウンセリング／心理療法のプロセスの有益な一部となりうる。

関連トピック2.3：カウンセリング／心理療法の効果についてのエビデンス

　2008年に編集されたカウンセリングおよび心理療法の効果に関する研究知見のレビューによれば，これまでに以下のことが明らかになっている（Cooper, 2008 邦訳 2012；末武，2017a）。

1．数多くの実証的研究のメタ分析（複数の実証的研究の結果を総合的に分析する統計手法）から，カウンセリングや心理療法には大きな効果量（百分率に換算して約80％のクライアントが好転しているという結果）があることがわかっている。

2．心理的苦悩に焦点を当てると，臨床的な状態にあると判定されたクライアントの約60％が，カウンセリングや心理療法の終結時に臨床的な状態にないと判定される水準まで改善している。

3．一方，カウンセリングや心理療法を受けることで悪化する（状態の悪化や不満足など）割合は平均で約5〜10％である。薬物依存などの問題によっては15％の悪化も生じる。また，ある研究によると途中でドロップアウトするクライアントは47％にのぼる（ただしネガティブな結果はそのうち3分の1程度）という。

4．平均で2回目のセッション終了時にクライアントの3分の1が改善を示すかカウンセリングや心理療法を必要としなくなるが，半数のクライアントが臨床的に改善をみせるために必要な回数は平均で約10〜20回である。さらに75％のクライアントが改善を示すには，平均で60回前後の回数を要する。

5．心理的苦悩の改善効果は，終了後1〜2年後も維持される傾向にあるが，より長期的な影響については明確なエビデンスはない。

（4）心理学的支援法が効果的に働くための要因

A．心理支援者（カウンセラー／セラピスト）の要因

心理学的支援法（カウンセリング／心理療法）が効果的に，また安全に働くための要因としてはどのようなものがあげられるだろうか（Cooper, 2008 邦訳 2012；末武，2017a）。

まず支援者（カウンセラー／セラピスト）の要因について考える。

1．専門的な学習と訓練：しっかりとした学習とトレーニングを積み重ねることや，必要に応じてスーパービジョンを受けることは，カウンセリング／心理療法の効果に影響を与える。カウンセラー／セラピストの専門性は重要な要因であるが，資格の有無や種類といったことよりも，専門的な成長を遂げているという側面の方がより重要である。

2．臨床経験：カウンセラー／セラピストの臨床経験の蓄積はカウンセリングの効果に影響を与える。しかしそれは，資格を取得して何年経過したといった単純な年数の問題ではなく，長期にわたってさまざまなクライアントとの間に誠実で深い臨床経験をもっているという質と量の両面の蓄積が重要である。

3．理論的立場：カウンセラー／セラピストが依拠する理論的立場によってカウンセリング／心理療法の効果に差があるかという問題についてはいろいろな議論があるが，真正に実践されている種々のカウンセリング／心理療法はほぼ同等の効果をもっている一方で，ある特定の問題や心理的苦悩（例えば恐怖や依存など）にはそれに特化して開発された方法を適用することがより効果を高める，ということもわかっている（**関連トピック 2.4 参照**）。自身の専門的な理論や方法を深めながら，新たな方法についても積極的に学ぶ姿勢が大切である。

4．そ の 他：その他，カウンセラー／セラピストの心身の健康状態はカウンセリング／心理療法の結果に影響をもたらすので，常に健康を保つことを心がける必要がある。ストレスや疲労にも気をつけなくてはならない。カウンセリングや心理療法の担当ケース数に上限の決まりは特にないが，質の高い支援を提供するためには，週に 20 セッションほどが上限と考えるべき

であろう。必要なときに**スーパービジョン**（▶「用語集」）を受けることができる優れたスーパーバイザーをもっていることや、リファー（委託・紹介）を行う提携機関や他種専門職との良好な関係を築いていることも大切な要因である。

関連トピック2.4：立場によって効果に差はあるのか？　ドードー鳥判定仮説と実効性格差仮説

　カウンセリング／心理療法の立場や用いる方法によって効果に差はあるのか、というトピックをめぐっては、さまざまな議論が行われてきている。主な対立する考え方は次のようなものであり、いずれの考え方にもそれを支持するエビデンスがある（Cooper, 2008 邦訳 2012；末武，2017a）。

　1．**ドードー鳥判定**（dodo bird verdict）**仮説**：総じて、真正な（bona fide：本来的な効力が十全に発揮された場合の）カウンセリング／心理療法は、立場や方法に関わりなく効果においてほぼ同等である、という見方のことをドードー鳥判定仮説と呼ぶ。

　2．**実効性格差**（differential effectiveness）**仮説**：一方、恐怖や依存といった特定の心理的苦悩に対しては、それらを改善するために開発された特定の方法を用いた方が、従来からある方法を用いるよりも相対的に効果が高い、というエビデンスもあり、こうした見方は実効性格差仮説と呼ばれている。

　（なお、ドードー鳥判定仮説という用語の由来は、ルイス・キャロルの『不思議の国のアリス』の中で、ドードー鳥が湖の周りを走るレースを判定して「みんな優勝、全員にごほうびを」と宣言した場面から来ており、種々のカウンセリングや心理療法の効果はほぼ同程度であるという主張の代名詞として使用されるようになったものである）。

B. クライアントの要因

　カウンセリング／心理療法の進展に影響を与える種々の要因の中でも、クライアントがもつ諸要因が最も重要であることが研究からわかってきてい

る。留意すべきクライアント要因の主要なものを以下にあげる。

1．**動機づけと積極的関与**：クライアントのカウンセリングや心理療法への動機づけや関与の高さは，肯定的な結果と密接に関係している。逆に言うと，動機づけや意欲の低さは，カウンセリング／心理療法が機能しにくいことの要因である。

2．**カウンセリング／心理療法への期待や態度**：動機づけだけでなく，クライアントがカウンセリング／心理療法に対して正当な期待や態度をもっているかどうかということも効果に影響を与える。つまり，クライアントが，カウンセリング／心理療法が有効であると期待していない，そのプロセスで生じる困難を理解していない，なぜカウンセリング／心理療法を受けているのかが明確でない，といった場合は効果が限定的である。

3．**心理社会的機能**：次のようなクライアントの要因は，カウンセリング／心理療法による支援の難しさの指標である。

- パーソナリティ障害などの病理的診断を受けている
- 不安定な**アタッチメント(愛着)スタイル**（▶「用語集」）や対人関係のスタイルをもっている
- 変化したり，問題を解決する準備状態にない
- **ソーシャルサポート**（▶「用語集」）の水準が低い，など

4．**そ の 他**：その他クライアントが抱える多忙や遠距離といった物理的要因，職場や家庭のサポートがないといった環境的要因などによってカウンセリングや心理療法を受けることが難しい場合もある。

C．その他の要因

1．**支援関係の要因**：心理支援の関係，つまり支援者（カウンセラー／セラピスト）とクライアントの関係性も心理学的支援法（カウンセリング／心理療法）の進展に大きな影響をもつ要因である（**関連トピック2.2参照**）。

2．**介入技法の要因**：心理学的支援法（カウンセリング／心理療法）の専門的な技法や介入は，それがクライアントの問題やニーズに応じて適切に用いられる場合は効果的に働く。また，最近の研究からは，適切な技法の提供は支援関係にも肯定的な影響をもたらすことが指摘されている。

3．心理学的支援法の限界

　心理学的支援法には以上のような効果が認められている一方で，当然，限界もある。その限界を認識したうえで，一人ひとりのクライアントに適切な支援を提供することが求められる（末武，2017a）。

　1．クライアントのコミュニケーション能力や責任能力による限界：カウンセリング／心理療法は心理支援者とクライアントのコミュニケーションによってクライアントの主体的な問題解決や人格的な変化や成長を援助するものなので，クライアントのコミュニケーション能力や内省力，自身の行動に対する責任能力などが乏しい場合，有効に実施することが難しい。コミュニケーション能力や責任能力などの欠如に関しては，何らかの疾患や障害が原因となっている場合もある。当然のことであるが，カウンセリング／心理療法は医療行為ではないので，医学的な診断や処方，投薬などはできない。必要な場合には医療機関へリファー（委託・紹介）することや，他の専門機関や専門職と連携・協力しながらクライアントを支援することも重要である。

　2．カウンセリング／心理療法に要するエネルギーやコストによる限界：カウンセリング／心理療法を実施するにはクライアントにある種のエネルギーやコストを求めるために，それが大きな負担になる場合には適用は困難である。カウンセリングや心理療法は通例1セッション50分前後の時間を設定し，その中でクライアントが自分を振り返るためのコミュニケーションを行う。場合によってはそのような設定自体がクライアントのキャパシティを超える負荷になることもある。また，カウンセリングや心理療法を継続して実施する際には，セッションとセッションの間には通例数日から1〜数週間のインターバルがある。そのインターバルの中で，自分の状態や問題について自己管理し，次回のセッションに臨む構えやエネルギーがクライアントに求められる。そのほかにも，相談室までの物理的距離や往復に要する時間，有料で実施される場合にはその料金など，カウンセリング／心理療法を受けるために必要なエネルギーやコストが，クライアントによっては限界となる場合がある。

　3．クライアントに代わって行うことの限界：カウンセリングや心理療法

ではクライアントの主体的な問題解決や人格的な成長の援助を基本的な目標としているので，クライアントが自己の責任において選択・決定したり，行動すべきことに対して，カウンセラー／セラピストがクライアントに代わってそれらを手助けすることは原則的には行わない。ある面では，こうしたことがカウンセリング／心理療法の限界であるとも言える。例えば福祉的，あるいは法律的な観点などからクライアントに代わって関係者（例えば行政，配偶者や家族，利害関係にある組織や第三者など）に対して申し立てや調停を行うことがクライアントに有益であるような場合は，多くはカウンセリング／心理療法の守備範囲を超えているので，そのような支援を専門的に行っている機関にリファー（委託・紹介）することが必要である。

4．その他の限界：その他，心理支援者（カウンセラー／セラピスト）の臨床経験や力量の不足，心理支援者によるクライアントの主訴や問題についての見立ての誤りや不適切さ，心理支援者が提供する関係性や介入技法がクライアントのニーズに適合していない，といった心理支援者の側のネガティブな要素がカウンセリング／心理療法の限界となることもある。また，クライアントのカウンセリングについての理解不足や，逆に過剰な期待，さらにクライアントを取り巻く職場や家庭などのカウンセリング／心理療法への先入観などが，カウンセリング／心理療法の安全で意味ある実践の妨げとなる場合もある。このような点については可能な限り改善や修正に努め，カウンセリングや心理療法を進めるにあたっての阻害要因にならないようにすることが肝要である。

発展課題

　関連トピック2.4で示したように，カウンセリングや心理療法には高い効果が認められる一方で，平均して5〜10％のクライアントに何らかの悪化（状態の悪化や不満足など）をもたらすこともわかっている（Cooper, 2008 邦訳 2012, pp. 31-33 参照）。悪化をもたらす要因は何か，また，悪化の割合を低減するためにはどうしたらよいかについて考えてみよう。

第 2 章　心理学的支援法の特質 | *25*

────────●　**理解度確認テスト**（第 2 章）　●────────

問1．次の文中の空欄に入る適切な語句を，a〜f の中から選びなさい。
(1) 心理学的支援法においては，心理支援者が自らの人生経験や価値観などから一方的に〔　1　〕を与えるのではなく，クライアントを尊重し，問題や悩みや葛藤などの語りを深く正確に〔　2　〕することが重視される。
(2) 心理学的支援法では，支援の〔　3　〕性を質の高いものにするために，十分な話し合いのもとに支援の目標が合意され，明確で安全な〔　4　〕がつくられ，〔　5　〕に基づいた協働によって進められていく。
　　　a．共感　b．助言　c．設定　d．介入　e．関係　f．傾聴
問2．次の文章 6〜10 のうち正しいものには○，誤っているものには×を記入しなさい。
6．心理学的支援法では何をもってその効果とするのかが難しく，カウンセリング／心理療法の効果を明確に示す調査や研究はほとんどない。〔　　　〕
7．カウンセリング／心理療法に対するクライアントの関与の程度は，カウンセリング／心理療法の結果の予測要因とは言えない。〔　　　〕
8．心理支援者の臨床経験の蓄積はカウンセリングの効果に影響を与えるが，それは資格を取得して何年経過したという年数によって示される。
　　〔　　　〕
9．エビデンスとは，ある問題に対して，ある特定の方法が効果があると言える科学的・実証的な根拠のことである。〔　　　〕
10．アタッチメント（愛着）スタイルとは，親密な対人関係における，個人の行動，思考および感情の特定のパターンのことである。〔　　　〕

第3章
心理学的支援法はどのような問題を対象とするのか

学習のポイント

- 心理学的支援法が対象とする心理的問題の背景や成因はどのようなものか。
- 各発達段階に見られる特徴的な心理的問題はどのようなものか。
- その他の心理社会的な問題にはどのようなものがあるか。

---

1. 心理的問題の背景や成因

(1) 心理的問題とは

A. 身近なものとしての心理的問題

　現代社会において，心理的問題は私たち一人ひとりにとって身近なものになっており，心理的問題や心理的苦悩を経験しない人はほとんどいないと言えるだろう。しかもその中には，心理学的支援法をはじめとした専門的な支援を受けることが必要であると考えられる人たちも少なくない。例えば，米国におけるある報告では，米国の成人のうち5千万人を超える人々が，少なくとも一度は，専門的な支援を要する何らかの心理的問題や苦悩（精神疾患や嗜癖・依存を含む）を抱えた経験をもっていると推定している（Consumer Report, 1995）。

B. 心理的問題のとらえ方

　人間の心に関わる諸問題は，その現れ方や背景，成因などから見て，きわ

第3章　心理学的支援法はどのような問題を対象とするのか　27

めて多様である。そこには，病理的な背景や成因が無視できないものから，病理や障害といった面だけでは理解することが難しいものまで，さまざまな問題が含まれている。

　本書では，心理学的支援法の利用者（クライアント）の病理や障害のみならず，健康で非病理的な側面を含む全体性を重視するという観点から，主に「心理的問題」あるいは「心理的苦悩」という用語によって，人間の心に関わる問題を幅広くとらえることにする。

　心理的問題（▶「用語集」）とは，人間の心（感情や認知，行動などを含む）に関わる問題全般を指す。また，心理的問題は多くの場合，当事者や家族などの関係者に苦しみや不全感などをもたらすが，そのような主観的で個別的な苦しみの経験やその表現に焦点をあてる場合は**心理的苦悩**（▶「用語集」）という用語を用いる。

（2）心理的問題の背景や成因

　心理的問題や心理的苦悩は，どのような背景や成因によって生じるのだろうか。その主なものを見てみよう。

A．発達段階による背景や成因

　各発達段階には心理的問題に結びつくような特有の背景や成因があると言える。幼児期・児童期には，一部の子どもたちに自閉スペクトラム症などの発達障害に関連する問題が見出され，また，児童虐待や愛着障害をはじめとした養育環境の問題や，分離不安症や選択性緘黙などの情緒的な問題も見られる。思春期・青年期には摂食障害や醜形恐怖症などの身体化の問題，不登校をはじめとした内閉化の問題，非行（素行症）やいじめなどの行動化の問題などが現れやすい。また，成人期・高齢期にはさまざまな精神疾患やパーソナリティ障害，さらには認知症の問題などが生じる。

B．病理あるいは障害による背景や成因

　心理的問題や心理的苦悩の中には，何らかの病理あるいは障害による背景や成因が無視できないものもある。精神病理を背景とした精神疾患には，

DSM-5（American Psychiatric Association, 2013 邦訳 2014）（▶「用語集」）などに記載されている疾病分類によるとらえ方や，神経症圏，境界例圏，精神病圏といった**病態水準**（▶「用語集」）による理解の仕方などがある。また，発達障害をはじめとした何らかの障害が心理的問題の背景や成因にある場合もある。

C. 心理社会的な背景や成因

発達的な要因や，病理あるいは障害による背景などとまったく切り離せるわけではないが，これらの背景や成因だけからは十分にとらえることができない心理的問題や心理的苦悩も少なくない。特に現代社会におけるさまざまな変化や刺激は，私たちに種々のストレスや問題，苦悩をもたらしている。そこから，ストレス関連の問題，機能不全家族などの家庭内の問題，ハラスメントや危機的な問題，あるいはキャリアや人生の意味に関する問題など，さまざまな心理的問題や苦悩が生じている。

エクササイズ3.1：自分が関心をもつ心理的問題

あなたは心理的問題や心理的苦悩の中で，どのような年代のどういった背景や成因によるものに関心があるだろうか。また，その理由は何か。数分間の時間をとって，ひとりで考えるか，近くの人と話し合ってみよう（話し合う場合は，お互いのプライバシーに留意すること）。

2．各発達段階に見られる心理的問題

以下では，各発達段階において特徴的に見られる心理的問題や心理的苦悩の主なものを示す。それらの中には，何らかの病理あるいは障害を背景や成因とするものから，それ以外の背景によるものも含まれる。

(1) 幼児期・児童期

まず，幼児期・児童期（主に誕生〜12歳頃）に見られる主要な心理的問題

を取り上げる。この時期には，大きく分けると，何らかの発達の遅れや偏りを伴う発達障害，児童虐待をはじめとした養育環境の問題，そして分離不安症などのこの段階特有の情緒的な問題が生じやすい。

A．発達障害（神経発達症群）

発達障害（神経発達症群）（▶「用語集」）とは，発達早期に出現する障害で，多くは就学年齢以前に見られ，さまざまな発達上の機能の障害を呈する状態の総称である。医学的・教育的・福祉的な支援と連携しながら心理学的な支援が求められることが少なくない。主要なものとしては，次のような障害がある。

1．知的能力障害（知的発達症）（▶「用語集」）：全般的な知的発達の明らかな遅れと適応行動の障害が，18歳以前から見られる状態である。知的発達の明らかな遅れとは，個別施行による標準化された知能検査で，知能指数（IQ）が平均よりも2標準偏差以上低い場合（おおむねIQ70未満）のことを言い，適応行動の障害とは，日常生活において機能するための概念的・社会的・実用的なスキルの欠如や習得困難を指す。

2．自閉スペクトラム症（自閉性障害）（▶「用語集」）：①社会的コミュニケーションと相互交流の欠如および，②行動，関心，活動における限局的・反復的なパターンの2つの症状を特徴とする障害である。いわゆる自閉症と呼ばれてきた障害の，軽度なものから重度なものまでの全体を指し，このうち知的能力障害を伴わないものを高機能自閉症と呼ぶこともある。また，①のみの障害は，社会的（語用論的）コミュニケーション症と呼ばれる。

3．注意欠如・多動症（AD/HD）（▶「用語集」）：不注意，または多動性・衝動性の症状のいくつかが12歳以前に存在しており，社会的活動や学業の機能に支障をきたしている状態を指す。不注意や注意欠如を中心としたADDと，多動性・衝動性を中心としたHDのいずれかが強く現れる場合と，両者が混在したAD/HDの3タイプに分けられる。

4．限局性学習症（学習障害）（▶「用語集」）：読字，文章理解，書字，計算，数学的推論などのうち，ひとつ以上の学習や学業的スキルの使用に困難がある状態を指す。知能検査の結果からは，全体としての知的能力に障害は見ら

れないが，いくつかの能力間に大きなバラつきが見られることが多い。

B．養育環境の問題

次に，幼児期・児童期に見られる，養育環境の問題を背景とした主要なものをあげる。児童福祉や学校教育，保健医療の場の中などで，心理学的な支援が求められることが多い問題である。

1．児童虐待（▶「用語集」）**に関連した問題**：児童虐待とは，子どもの人権や生命を脅かす行為で，児童虐待防止法では，保護者がその監護する児童に対して行う，身体的虐待，性的虐待，ネグレクト，心理的虐待を指す。子どもの生命を脅かすことや，身体的な後遺症をもたらすことのほか，アタッチメント（愛着）障害やPTSD（心的外傷後ストレス障害），複雑性トラウマなどの心理的問題へと結びつくことも少なくない。

2．アタッチメント（愛着）障害（▶「用語集」）：子どものアタッチメント（愛着）行動に認められる特異な傾向や障害の総称である。反応性アタッチメント障害と脱抑制型対人交流障害の2種類に大別される。反応性アタッチメント障害とは，子どもが養育者に対して安心を求める行動を示さないなどの不適切な愛着行動を示す状態であり，脱抑制型対人交流障害とは，ほとんど初対面の人に対しても過度に馴れ馴れしく行動するなどの不適切な愛着行動を示す状態を指す。

C．情緒的・行動的な問題

ここで言う情緒的・行動的な問題とは，情緒の不安定や制御の困難，およびそれに伴う行動上の問題であり，その成因を病理や障害だけに求めるのが難しく，また，児童虐待のような深刻な養育問題が背景に見られない場合にも生じうるものである。心理学的な支援が求められることの多い主要な問題には，以下のようなものがある。

1．分離不安症：子どもの発達年齢に比して，自宅や愛着をもつ人物からの分離に対して過剰な不安を示す状態。

2．選択性緘黙（場面緘黙）：家庭などでは普通に話しているにもかかわらず，学校などの特定の社会的場面では話せないことが持続する状態。

３．**チック症**：不随意的，急速で反復的，非律動的な運動あるいは発声をする状態で，単純運動性チック，単純音声チック，複雑性運動チック，複雑性音声チックなどがある。

４．**その他**：吃音，夜尿，頻尿，過敏性腸症候群，ほか。また，児童期には，不安症，強迫症などが現れることもある。

(2) 思春期・青年期

次に，思春期・青年期（主に 12 歳頃〜20 歳代半ば）に見られる主要な心理的問題や心理的苦悩を取り上げる。この時期には，摂食障害や醜形恐怖症などの身体化の問題，不登校をはじめとした内閉化の問題，非行（素行症）やいじめなどの行動化の問題などが現れやすい。

A. 身体化の問題

思春期・青年期には，第二次性徴をはじめとした身体的変化が顕著であり，それによって身体や性の受容，身体や美醜への過剰な意識などを伴った身体化の問題が多く生じる。医療機関や学校カウンセリング，大学の学生相談室などで出会うケースが多く，医師をはじめとした保健医療の専門家と連携をとりながら心理学的な支援を行うことが求められる。その主なものを次にあげる。

１．**身体症状症**（▶「用語集」）：何らかの身体症状に対する認知の歪み，過度な思考や感情，行動を伴う状態のことである。従来，身体化障害あるいは心気症などと呼ばれていた問題である。

２．**醜形恐怖症（身体醜形恐怖障害）**（▶「用語集」）：極度に低い自己評価に関連して，自分の身体や美醜に過剰にこだわる状態である。実際よりも低い自己の身体的イメージが背景にある。

３．**摂食障害**（▶「用語集」）：心身の健康を損なうような食行動の障害である。食べることを極端に制限する神経性やせ症と，衝動的に食べる神経性過食症の二つに大別される。

４．**性的な問題**：性的欲求の処理やその行動化に関連する問題であり，思春期・青年期には，窃視（のぞき）や窃触（痴漢行為），露出，小児性愛（幼

児への性的関心）などが現れることもある。

B. 内閉化の問題

　思春期・青年期には，いわゆる自意識の発達に伴って，自己の存在や評価を揺るがされることへの拒否として，自室や自宅にひきこもるなどの内閉化の問題（不登校やひきこもりなど）が生じる。本人や家族の心理的苦悩が大きい場合など，心理学的な支援が必要なケースが多い。

　1．不 登 校（登校拒否）（▶「用語集」）：不登校とは，児童生徒のうち欠席日数が年間 30 日以上で，何らかの心理的，情緒的，身体的，あるいは社会的要因・背景により，児童生徒が登校しないあるいはしたくともできない状況にあること（ただし，病気や経済的理由によるものを除く）をいう。

　文部科学省の平成 28（2016）年度「児童生徒の問題行動調査」によると，長期欠席者のうち，「不登校」を理由とする児童生徒数は，小学校で 3 万1,151 人（全体の 0.48%），中学校は 10 万 3,247 人（同 3.01%），高等学校では 4 万 8,579 人（同 1.47%）だった。

　2．ひきこもり（▶「用語集」）：長期間にわたって社会参加していない状態。狭義には，20 歳代後半までに問題化し，6 カ月以上，自宅にひきこもって社会参加しない状態が持続しており，ほかの精神障害がその第一の原因とは考えにくい状態を指す。外出していても対人関係がない場合，ひきこもりに含まれる。内閣府が 2015 年に実施した調査では，15〜39 歳のひきこもり状態にある人の数は，約 54 万人と推定されている。最近では 40 歳以上のひきこもり状態にある人たちの問題も注目されている。

C. 行動化の問題

　さらに思春期・青年期では，親をはじめとした他者との関係の変化や揺れが生じ，場合によっては，対象や社会への敵意やアンビバレント（両価的）な感情などから行動化の問題（非行など）が現れたりする。行動化の危険性によって警察や学校，医療機関などと連携をとりながら心理学的な支援を提供する必要がある場合が多い。

　1．非　　行（素行症）：少年法では「非行のある少年」を，犯罪少年（罪

を犯した少年），触法少年（14 歳未満で刑罰法令に触れる行為をした少年），虞犯少年（罪を犯すか刑罰法令に触れる行為をするおそれのある少年）としている。また，DSM-5 では，反社会的，攻撃的または反抗的な行動パターンが反復的で持続的に現れる状態を**素行症（行為障害）**（▶「用語集」）と呼んでいる。

　２．い じ め（▶「用語集」）：特定の他者に対して危害や不快感を与える，意図的かつ反復的な攻撃行動の形態。身体的攻撃や言語的攻撃，無視，拒絶等の直接的に苦痛を与えるものから，人間関係を操作するなどして間接的に苦痛を与えるものまで，さまざまな形態がある。なお，いじめか否かの判断は，いじめられた子どもの立場に立って行う。

　いじめの件数の算定については，以前の発生件数から認知件数に変更された。文部科学省の調査によれば，全国の小・中・高・特別支援学校におけるいじめ認知件数は，2016（平成 28）年度では 32 万 3,808 件だった。

（3）成人期・高齢期

　成人期・高齢期（20 歳代半ば〜）にはさまざまな精神疾患やパーソナリティ障害，さらには認知症の問題などが生じる。ここでは，成人期については，主に病態水準の考え方に基づいて，神経症圏，境界例圏（パーソナリティ障害圏），精神病圏の 3 群に分けて，それぞれの主な問題を見てみる。これらの問題は，成人期以前の青年期あるいは思春期に見られることもあるが，成人期に引き継がれて症状が長期化することも多いので，ここで取り上げた。また，高齢期の問題は，認知症を中心に取り上げる。

A．神経症圏の問題

　神経症（neurosis）とは，何らかの精神的な不調や不適応行動によって特徴づけられるが，入院治療を要するほどの重篤な状態ではなく，主に心因性（心理的要因によるもの）であると考えられてきた病態である。現在では，心理的要因だけでなく，生物学的要因や環境的要因もその発症に関与していると考えられるようになり，神経症という言葉そのものが以前ほど使用されなくなってきている。現在の主要なとらえ方は，以下のような症状が軽度な

ものから重度なものまで，それぞれスペクトラム状に現れ，重度なものは境界例圏（パーソナリティ障害圏）や精神病圏と無関係ではない，というものであるが，比較的軽度な状態は神経症圏のものとしてとらえることができるだろう。

1．不安症（不安障害）（▶「用語集」）：不合理なあるいは強い不安や恐怖によって特徴づけられる状態である。限局性恐怖症，社交不安症（社交不安障害），パニック症（パニック障害），広場恐怖症，全般不安症（全般性不安障害）などが含まれる。

2．強迫症（強迫性障害）（▶「用語集」）：不合理な強迫観念や強迫行為が過剰に見られる状態である。自分や他者，物事などについて，その配列の乱れや不潔さ，危険の兆候が過剰に気になる，などである。

3．解離症（解離性障害）（▶「用語集」）：心的外傷体験やショックな出来事などを意識から切り離すために，通常は一貫性・連続性をもって機能している人間の記憶，情動，知覚，アイデンティティがまとまりを欠いた状態が慢性的に反復継続される。いわゆる多重人格や記憶喪失，離人症などの症状が現れる。

4．変換症（転換性障害）（別名　機能性神経症状症）（▶「用語集」）：身体的器質や神経系の異常が認められないにもかかわらず，失立，失歩，失声などの運動障害，意識消失などの意識障害，視野狭窄，無感覚症などの感覚障害が出現する状態。従来は，いわゆるヒステリー（hysteria）と呼ばれていた症状である。

5．持続性抑鬱障害（別名　気分変調症）（▶「用語集」）：軽症で2年以上の慢性的な鬱状態を指す。従来は抑鬱神経症などと呼ばれていた。比較的軽度ではあるが，数年間持続するような長期的な抑鬱状態である。

B．境界例圏（パーソナリティ障害圏）の問題

境界例圏あるいはパーソナリティ障害圏とは，パーソナリティの発達や成熟に歪みが見られ，その人が属する文化から期待されるものよりも著しく偏った内的経験や行動が持続する状態である。従来，精神病質や異常人格などと呼ばれてきた病態や，神経症にも精神病にも分類することが困難な境界

第3章　心理学的支援法はどのような問題を対象とするのか 35

例の臨床研究からカテゴリー化されてきた。現在，DSM-5では**パーソナリ
ティ障害**（▶「用語集」）を，A群：猜疑性，シゾイド，統合失調型，B群：反社
会性，境界性，演技性，自己愛性，C群：回避性，依存性，強迫性，の3群
10タイプに分類している。そのうち，境界性パーソナリティ障害とは，次の
ような特徴を示す病態である。

　境界性パーソナリティ障害（▶「用語集」）：対人関係，自己像，感情の不安定
および著しい衝動性の広範な様式で，成人期早期までに始まり，種々の状況
で明らかになる。パーソナリティ障害の中では，カウンセリング／心理療法
をはじめとした心理支援を求めて来談するクライアントが比較的多いと言わ
れているが，見捨てられることへの過度の不安や，他者を理想化したかと思
うと攻撃するなどの極端な対人反応を示すことが多いため，安定した支援関
係を保つことが難しい。医療や福祉などと連携しながら支援していくことが
求められる。

C．精神病圏の問題

　精神病圏の問題とは，その原因が内因性（体質などによるもの）であると
考えられてきたものであるが，現在では，生物学的要因や環境的要因などが
複雑に絡み合って発症する重篤な精神疾患であるととらえられている。その
主なものは以下のとおりである。いずれも，医学的な治療が最も求められる
疾患であり，心理学的支援法のみでその疾患が治癒されるとは考えられては
いないが，苦悩の理解や社会適応への支援において心理的な支援が重要な役
割を果たすことが少なくない。

　1．統合失調症（▶「用語集」）：妄想や幻覚などの陽性症状と，感情の平板化
や意欲の欠如などの陰性症状によって特徴づけられる精神疾患である。思春
期・青年期あるいは成人期の初期に発症することが多い。早期の発見と治
療，再発予防や社会適応への支援が必要であると考えられている。

　2．鬱　　病（大うつ病性障害）（▶「用語集」）：ひとつあるいはそれ以上の
鬱のエピソードの存在によって特徴づけられる気分障害で，気分の落ち込み
や興味関心の低下を経験しており，エネルギーの低下，食欲の変化，集中力
の低下，罪悪感，無価値感，希死念慮といった徴候を伴うことが多い。

3．**双極性障害**（▶「用語集」）：気分の高揚，自尊心の肥大，睡眠欲求の減少，多弁，観念奔逸，注意散漫，快楽的活動への熱中といった過度に躁的な気分と，しばしば入れ替わる鬱のエピソードの存在によって特徴づけられる気分障害。

D．高齢期の問題

　高齢期（60歳代半ば〜）の心理的問題には，認知症，高齢期の鬱，高齢期の妄想，意識障害（せん妄），高齢期の孤独などさまざまなものがある。

　認　知　症（▶「用語集」）：一度獲得した認知的機能が，脳の器質性障害などの要因によって持続的に低下し，日常生活や社会生活が営めなくなっている状態。記憶障害，失語・失行・失認・実行機能の障害などの認知障害によって特徴づけられる。

3．その他の心理的問題

　これまで見てきた，各発達段階に特徴的な問題のほかにも，心理支援の対象となる心理的問題や心理的苦悩にはさまざまなものがある。その主な問題を見てみよう。

　1．ストレス関連問題：現代社会は多様なストレスに満ちている。ストレスは，私たちが生きていくうえで避けることのできないものであるが，その負荷があまりにも大きいものである場合や，ストレスへの対処がうまくいかないような場合，さまざまな心身の不調や心理的問題へと結びついてしまう（**エクササイズ3.2** 参照）。

エクササイズ3.2：現代社会における種々のストレッサー

　以下に示すのは，私たちが経験する出来事（ストレッサー）をストレスの強度によって点数化した尺度（Holmes & Rahe, 1967；八田ら 1993 より）からの抜粋である。あなたや家族，あるいは知人がこの1年の間に経験した項目をチェックし，点数を合計して，現在のストレスの状態を検討してみよう。

チェックした結果について，数分間の時間をとってひとりで考えるか，近くの人と話し合ってみよう（話し合う際にはプライバシーに留意すること）。

配偶者の死（100）　離婚（73）　夫婦別居生活（65）　拘留・刑務所入り（63）　肉親の死（63）　自分の病気や怪我（53）　結婚（50）　解雇（47）　夫婦の和解調停（45）　退職（45）　家族の病気（44）　妊娠（40）　性的障害（39）　新たな家族成員の増加（39）　職業上の再適応（39）　経済状態の変化（38）　親友の死（37）　転職・職種がかわる（36）　配偶者との口論の回数の変化（35）　約1万ドル（100万円）以上の借金（31）　担保・貸付金の損失（30）　仕事上の責任の変化（29）　息子や娘が家を離れる（29）　親族とのトラブル（29）　個人的な成功（28）　配偶者の就職・復職・離職（26）　就学・卒業・退学（26）　生活条件の変化（25）　個人的な習慣の変更（24）　上司とのトラブル（23）　仕事時間や仕事条件の変化（20）　転居（20）　学校をかわる（20）　レクリエーションの変化（19）　宗教活動の変化（19）　社会活動面での変化（18）　約1万ドル（100万円）以下の借金（17）　睡眠習慣の変化（16）　家族団らんの回数の変化（15）　食習慣の変化（15）　休暇（13）　クリスマス（12）　ささいな違法行為（11）

＊合計点数が300点以上の場合は高ストレス状態，200〜299点は中程度のストレス状態にあると考えられる。

　2．嗜癖（▶「用語集」）**や依存の問題**：嗜癖・依存の問題とは，結果的に不幸や不健康を招くとわかっていながら，ある行為や人間関係などから抜け出せなくなる状態のことである。アルコール，煙草，薬物などの物質嗜癖，ギャンブル，ショッピング，性行為，暴力などの行動嗜癖，共依存などの関係嗜癖などがある。

　3．家族が抱える問題：現代の家族の形態などの変容に伴って，家族や家庭が抱える心理的問題も複雑化している。前述した児童虐待はその典型的な問題であるが，虐待とまでは言えなくとも，家族としての機能が十分に働いていない**機能不全家族**（▶「用語集」）の問題が心理支援の対象となることは少なくない。

　4．社会適応や心理社会的機能に関連した問題：社会適応や心理社会的機能に関連した問題が心理的支援の対象となることも多い。例えば，進路選択

をはじめとしたキャリア関連の問題やいわゆる**ニート**（▶「用語集」）の問題，職場や学校における対人関係やコミュニケーション，主張性（**アサーティブネス**）（▶「用語集」）の問題などである。

5．文化やダイバーシティに関連した問題：社会のグローバル化やダイバーシティ化に伴って，関連するさまざまな問題が心理支援の重要な対象になってきている。例えば，民族や文化，言語，性別（性的マイノリティを含む），障害などを背景とした種々の心理的苦悩への対応である。

6．危機的状況の問題：現代社会には，人々がさまざまなかたちで危機に遭遇する可能性がある。心理支援は，そのような危機的状況やその心理的苦悩に対応することが求められるケースが少なくない。危機的状況には多様なものがあるが，例えば，**トラウマ**（▶「用語集」），自殺と自傷，死別に伴う問題（**喪失・悲嘆**（▶「用語集」）など），犯罪被害，**DV**（**ドメスティック・バイオレンス**）（▶「用語集」），種々のハラスメント，経済的問題などである。

7．人間的成長に関する問題：その他，人間的な成長や生き方に関連した問題が心理支援の対象となることも多くある。例えば，自己への態度，人生の意味，実存的問題（いかに生きるべきかといった問題）などである。

発展課題

　カウンセリング／心理療法などの心理学的支援法を求めるクライアントの多くは，実際にはどのような問題を抱えていて，どういった解決や達成を望んでいるのだろうか。これまでの研究結果を調べてみて，自分が考えていたイメージとの異同を検討してみよう（例えば Cooper & McLeod, 2011 邦訳 2015, pp. 98-100 参照）。

●── **理解度確認テスト**（第 3 章）──●

問 1．次の文中の空欄に入る適切な語句を，a 〜 f の中から選びなさい。

　（1）心理的問題とは，広い意味での人間の心（感情や〔　1　〕，〔　2　〕などを含む）に関わる問題全般を指す。また，主観的で個別的な苦しみの経

験やその表現は心理的苦悩と呼ばれる。

(2) 精神病理を背景とした精神疾患には，〔　3　〕分類によるとらえ方や，神経症圏・〔　4　〕例圏・精神病圏といった〔　5　〕水準による理解の仕方などがある。

　　　a．病態　　b．境界　　c．症状　　d．認知　　e．行動　　f．疾病

問2．次の文章6～10のうち正しいものには○，誤っているものには×を記入しなさい。

6．限局性学習症（学習障害）とは，不注意，または多動性・衝動性の症状のいくつかが12歳以前に存在しており，社会的活動や学業の機能に支障をきたしている状態を指す。〔　　　　〕

7．不登校とは，児童生徒のうち欠席日数が年間50日以上で，何らかの心理的，情緒的，身体的，あるいは社会的要因・背景により，児童生徒が登校しないあるいはしたくともできない状況にあること（ただし，病気や経済的理由によるものを除く）をいう。〔　　　　〕

8．パーソナリティ障害とは，その人の属する文化から期待されるものより著しく偏った，内的体験および行動の持続的様式で，重度の主観的な苦悩や機能障害が現れる。〔　　　　〕

9．認知症とは，一度獲得した認知的機能が，脳の器質性障害などの要因によって持続的に低下し，日常生活や社会生活が営めなくなっている状態であり，記憶障害，失語・失行・失認・実行機能の障害などの認知障害によって特徴づけられる。〔　　　　〕

10．アサーティブネスとは，アサーションとも呼ばれ，あくまでも自分を中心とした自己主張もしくは自己表現のことである。〔　　　　〕

第4章
心理学的支援法はどのように発展してきたのか

学習のポイント
- 心理学的支援法としての心理療法（サイコセラピー）とカウンセリングはどのような歴史的背景から生まれ，発展してきたのか？
- カウンセリングと心理療法（サイコセラピー）が合流し発展していく歴史的展開について。
- 心理療法とカウンセリングの共通点と違い。

1．心理療法（サイコセラピー）とカウンセリングの歴史的背景

（1）心理療法（サイコセラピー）の源流と発展

　カウンセリングや心理療法は，どのような歴史的な背景から，どのように発展してきたのだろうか。以下ではまず，心理療法の源流となったサイコセラピー（psychotherapy）の歴史から振り返ってみたい。なお，サイコセラピーが主に医療や宗教的な手法として用いられていた歴史的文脈においては，「心理療法」ではなく「サイコセラピー」の表記を用いる。

A．サイコセラピーの歴史的背景
　ヨーロッパにおけるサイコセラピーの歴史は古く，この言葉はギリシャ語の「プシケー（psyche：魂）」と「セラペイア（therapeia：治療）」を語源にもつと言われている。それは，医療や宗教，心理的な治癒などにまたがる

第4章　心理学的支援法はどのように発展してきたのか　*41*

魂の癒しの考え方や手法を指すものだった。例えば，古代ギリシャの医学に端を発する「四体液説（血液・粘液・黄胆汁・黒胆汁）」に基づく治療法や，中世では悪魔を取り除く跋魔術などがあげられる。18世紀にはメスメル（Mesmer, F. A.）による動物磁気療法が現れ，その流れから催眠現象への研究が進み，19世紀後半には催眠療法が行われるようになった。

B. フロイトによる精神分析の創始

19世紀末，オーストリアの医師フロイト（Freud, S.）は，フランスに留学し，催眠療法による神経症の治療を学んだ。またフロイトは，ウィーンでヒステリーの治療に取り組んでいたブロイアー（Breuer, J.）の催眠カタルシス法（催眠下で過去の記憶を想起させる方法）に関心をもち，共同研究を行うようになった。二人は1895年に共著『ヒステリー研究（*Studien über Hysterie*)』を出版している。

『ヒステリー研究』は神経症の心因論（心理的原因説）とカタルシス（浄化）による治療を主張したもので，サイコセラピーの新たな可能性に道を開いたが，そこで用いられていた催眠カタルシス法には限界もあった。その方法では症状がいったん治癒しても，再発や悪化が繰り返されることが多く，また患者の依存を助長しがちだった。そこでフロイトは，最終的に催眠を用いることを断念し，通常の意識状態で過去の記憶を想起させる自由連想法を用いることにした（1895～97年頃）。また，人間の衝動や病理における無意識的な要因の大きさに気づいたフロイトは，夢の想起と解釈による方法を取り入れ（1900年に『夢判断（*Die Traumdeutung*)』出版），自由連想法と夢解釈による治療法としての精神分析を開発した。このフロイトによる精神分析の創始が，現代の心理療法へとつながるサイコセラピーの最も大きな源流であると言える。

関連トピック4.1：症例アンナ・O

フロイトとブロイアーの共著『ヒステリー研究』の中に記載されているアンナ・O（Anna O.）の症例は，精神分析そして現代のサイコセラピー（心理

療法）の黎明期における重要なケースである（スクーズ，邦訳 2015）。

　裕福な家庭で育ったアンナ・O は，病気になった父親への献身的な看病のさなかにヒステリー的な症状を発症し，四肢の麻痺，奇妙な発話，二重人格，幻覚などを示すようになった。主治医であったブロイアーは，彼女に催眠カタルシス法を施し，それによって症状が一時的に軽快した。アンナは，ブロイアーによる催眠カタルシス法を「談話療法（Redekur, talking cure）」と呼び，この方法が精神分析の原型となったと言われている。しかし，アンナ・O はブロイアーの治療によって全快するまでには至らず，二人の関係は依存や愛憎といったものをはらむようになっていった。フロイトは，治療関係（支援関係）の中に現れるこうした現象を，後に「転移」と呼ぶようになるが，そうした点でもこの症例は精神分析およびサイコセラピー（心理療法）の発展の重要な礎のひとつであると見なすことができる。

　なお，その後ヒステリー症状を克服したアンナ・O（本名ベルタ・パッペンハイム Bertha Pappenheim）は社会福祉の著名な実践家として活躍している。

C. 臨床心理学の成立と発展

　また，科学的な研究方法を用いる心理学は，ヨーロッパ（特にドイツ）で哲学から独立するかたちで 19 世紀後半に誕生した。ヴント（Wundt, W. M.）がライプチヒ大学に心理学実験室を開設したのは 1879 年で，そこへ留学した米国の心理学者ウィトマー（Witmer, L.）は，帰国後ペンシルベニア大学に心理クリニック（psychological clinic）を 1896 年に開設した。米国では 1892 年にアメリカ心理学会が創設されていたが，ウィトマーが 1896 年にその総会で講演を行い，そこで初めて臨床心理学（clinical psychology）という言葉が用いられた。

　学問の社会的実用性を重んじるプラグマティズムの立場から，米国ではヨーロッパに先駆けて応用科学としての臨床心理学が誕生し，医学とは異なる分野である心理学において，人間の心理的問題を理解し支援する専門領域が切り拓かれた。そしてそこに，フロイトによる精神分析をはじめとしたサイコセラピーが次第に取り入れられていくことになる。また，その後カウンセリングの実践やカウンセリング心理学が米国で展開されることになり，サ

イコセラピーとカウンセリングが合流していく中で心理学的支援法が米国を舞台にして発展していった。

（2）カウンセリングの誕生と発展

A．カウンセリングの誕生の背景

一方，カウンセリングは 20 世紀初頭の米国で誕生し発展した。その誕生の背景には次のような**ガイダンス**（▶「用語集」）の動向があった。

1．職業ガイダンスの活動：20 世紀初めの米国では急速に工業化が進み，都市部に国内外から職を求める人たちが流入してきたが，多くは適性や能力に合う職が得られなかった。そうした中で若者たちの就職支援を行う活動が始まり，職業ガイダンスの実践が行われるようになった。その代表的な活動家が，1908 年にボストン市に職業局を設けて職業ガイダンスを実施したパーソンズ（Parsons, F.）である。パーソンズは，個人の適性や能力に合った職業選択を重視し，「丸い釘は丸い穴へ」という彼の言葉に表れているような，適材適所の考えに基づいた相談活動を展開した。その後，職業ガイダンスの活動は全米に広がり，1913 年には全米職業ガイダンス協会が結成された。

2．教育測定・心理測定の発展：職業ガイダンスにおいて，個人の能力や適性を正確にとらえるために科学的で客観的な測定の方法が求められるようになり，米国では心理検査の理論と方法が発展した。またその専門家としてのサイコロジスト（psychologist：心理学者，心理士）が大学や大学院で養成されるようになった。心理検査が学校や職業ガイダンスの中で活用されるようになり教育測定の動向が発展した。その手法は一般に，心理測定あるいは精神測定（psychometry）と呼ばれるようになった。

知能検査はフランスで 1905 年にビネー（Binet, A.）らによって開発されたが，1916 年に米国でターマン（Terman, L. M.）らによって「スタンフォード・ビネー知能検査」として標準化され，**知能指数（IQ）**（▶「用語集」）という指標が用いられるようになった。また，性格検査や適性検査なども次々に開発され，実施されるようになった。

3．精神衛生の活動：さらに，精神医療における患者への非人道的な扱いの改善を求める要求などから，米国では精神衛生の活動が展開されるように

なり，職業ガイダンスや心理測定の動向とともにカウンセリングの誕生の背景となった。例えば，精神科病院への入院体験をもつビアーズ（Beers, C. W.）は 1908 年に『わが魂にあうまで（*A Mind That Found Itself*）』を出版し，その後，精神医学者マイヤー（Meyer, A.）や哲学者・心理学者ジェームズ（James, W.）らの協力を得て，1928 年に全米精神衛生財団が設立され，1930 年には国際精神衛生会議が開催された。

B. ガイダンスからカウンセリングへの発展

当初はガイダンスと言われていた活動は，次第に心理学を土台とした専門的な実践へと発展していき，カウンセリングと呼ばれるようになっていった。

1. ガイダンスの発展：教育測定（心理測定）の発展もあって，ガイダンスは中等教育（ミドルスクールやハイスクールなど）の職業ガイダンス（後のキャリアガイダンス：進路指導）の中に，そして高等教育（大学や短期大学など）の学生指導の中に取り入れられていくことになった。また，ガイダンスの方法は学校教育以外の場にも広がり，第一次世界大戦（1914～18 年）では兵士への心理テストが実施され，また復員兵への職業復帰プログラムにおいても活用された。また産業界では 1920 年代以降，労働者の職場適応のための活動としてガイダンスの方法が用いられるようになった。

2. ウィリアムソンのミネソタモデルと臨床的カウンセリング：ガイダンスの方法は，大学における学生指導や学生相談の中で 1930 年代以降さらに発展していくことになる。その代表的な貢献者がミネソタ大学のウィリアムソン（Williamson, E. G.）である。ミネソタ雇用安定研究所でガイダンスを実践していたウィリアムソンは，1931 年に博士号取得後，1939 年よりミネソタ大学の学生指導（student personnel service: SPS，学生厚生補導とも訳される）に携わった。ウィリアムソンは学生相談所を設置し，心理テストを活用した科学的・実証的な査定による指導助言を実施することによって，大学における学生指導に学生相談を中心とした新しいモデルを提案した。学生相談所でカウンセラーは，一対一の面接の中でクライエントに関する科学的データの収集を行い，能力や適性の評価をして，問題に対処するための助言や指導を行った。ウィリアムソンがこうした実践を臨床的カウンセ

リング（clinical counseling）と呼んだことから，次第に「カウンセリング」という用語が定着することになった。ウィリアムソンによるカウンセリングのモデル（ミネソタモデル）は全米の注目を集め，1940年代には学生相談所(室)を開設する大学が次々に現れた。

　3．アメリカ心理学会におけるカウンセリング＆ガイダンス部会の設置：1940年代の半ばにはアメリカ心理学会の中に，カウンセリング＆ガイダンス部会（Division of Counseling and Guidance）が設置された（1943～45年頃）。この部会は1951年にはカウンセリング心理学部会（Division of Counseling Psychology）に名称が変更されて現在に至っている。なお，カウンセリング（counseling）という言葉は，ラテン語に語源をもつコンシリウム（consilium：忠告，勧告）から来ており，カウンシル（council：会議，議会）などと同根で，もとはキリスト教的な助言や会合の意味をもつものだった。

2．心理療法（サイコセラピー）とカウンセリングの合流と発展

(1) 心理療法（サイコセラピー）とカウンセリングの合流

A．精神分析やサイコセラピーの米国への流入

　もとは異なる背景から生まれたサイコセラピーとカウンセリングだったが，アメリカ心理学会の創設者ホール（Hall, G. S.）らに招かれて，1909年にフロイトとユング（Jung, C. G.）が米国で精神分析についての講演を行うなど，次第に研究交流が行われるようになった。その後ドイツでは1930年代にナチ党が政権を握り，フロイトはじめユダヤ人が中心だった精神分析に弾圧を加えた。オーストリアがドイツに1938年に併合されると，フロイトは娘のアンナ・フロイト（Freud, A.）とともにイギリスに亡命し，翌年亡くなっている。また，多くの精神分析家たちは1930年代に米国に亡命した。ホーナイ（Horney, K.），フロム（Fromm, E.），ランク（Rank, O.），ライヒ（Reich, W.）らは米国で活躍し，米国におけるサイコセラピーの発

展に貢献した。

関連トピック 4.2：精神分析／サイコセラピーの発展史を描いた映画

　精神分析／サイコセラピーの発展史におけるフロイトとユングの関係を描いた映画に，『危険なメソッド（A Dangerous Method）』（デヴィッド・クローネンバーグ監督，イギリス・ドイツ・カナダ・スイス共同制作，2011年公開）がある。映画の中では，1909年に米国での講演に向かうフロイトとユングや，その船中での二人の夢分析——そのことが二人の決別の大きな原因となったと言われている——の様子などがドラマとして描かれている。

B. ロジャーズによるサイコセラピーとカウンセリングの合流

　この時期に米国でサイコセラピーとカウンセリングの合流において中心的な役割を担った人物のひとりが，クライアントセンタードセラピー（後のパーソンセンタードセラピー）の創始者カール・ロジャーズ（Rogers, C. R.）である。ロジャーズは，1931年にコロンビア大学で心理学の博士号を取得し，1920年代から30年代にかけてニューヨーク州ロチェスターの児童相談機関で心理学者として臨床実践に携わった。当初は心理検査を専門としていたが，ホーナイの精神分析やソーシャルワークにおける関係療法に影響を受け，また1936年のランクとの出会いや自らの臨床経験が契機となって，カウンセリングとサイコセラピーにまたがる領域で活躍するようになった。

関連トピック 4.3：精神分析とパーソンセンタードセラピーの関係

　まったく異なる背景から誕生したと考えられてきた精神分析とロジャーズのパーソンセンタードセラピーには，興味深い歴史的な関係があることがわかってきている。フロイトの高弟オットー・ランクは，初めての医師ではない精神分析家（当時，レイアナリスト＝素人分析家と揶揄されていた）だっ

たが，米国に亡命後，ソーシャルワークの分野の指導者として活躍した。そのランクが 1936 年にロジャーズと出会っている。ロジャーズは，精神分析家ランクからどのような発想や影響を受けたのだろうか。以下は，久能ら（2006）からの引用である。

　　ランクとロジャーズの唯一の出会いは，1936 年の 6 月，ロチェスターの児童虐待防止協会で臨床活動を行っていたロジャーズが，ランクの教えをうけた同僚のソーシャルワーカーのすすめもあって，ランクを 3 日間のセミナーの講師として招いた時のことであった。…（中略）…具体的にはどのような影響をみてとれるのであろうか。まず言葉の問題から取り上げると，〈クライアント（client）〉という用語は一般にロジャーズが心理臨床の分野に持ち込み，広めたといわれているが，じつはランクはすでに 1930 年代にこの言葉を使用していた（たしかにドイツ語には〈Klient〉という言葉がある）。また，ロジャーズがその後彼の臨床理論の中核にすえることになる〈共感（empathy）〉という概念についても，ランクは 1932 年には Einfühlung というドイツ語を，彼の理論の鍵概念としてすでに用いていた（empathy は Einfühlung の英訳の語である）。これらの用語は，ランクを通してロジャーズにもたらされた可能性が高い。さらに，より根本的な問題として注目すべきは，このセミナーの前年（1935 年），ランクはニューヨークでの講演において，「すべての精神分析的アプローチはセラピストを中心に回っている。……真のセラピーはクライアント──彼の困難，ニーズ，活動──を中心に回らなければならない」と述べ，明らかにその後ロジャーズがクライアントセンタードセラピーとして発展させる考えの起源をすでに表明していた，ということである。新天地米国でのランクは，セラピストの中立性や解釈を重んじる伝統的な精神分析から離れ，創造性と人間関係を重視した独自の治療論と思想を展開しており，〈クライアント中心〉という思想も，すでにランクの中に芽生えていたものであった。そうしたランクの考えは，ロチェスターでのセミナーにおいてロジャーズにあますところなく伝えられたはずである。（pp. 161-162.）

ロジャーズは 1940 年にオハイオ州立大学の教授となり，同年 12 月にミネソタ大学で行った講演において，ウィリアムソンらのカウンセリングを指示的方法と呼んで批判し，カウンセリングの方法の刷新を提案した。ロジャーズは，クライアントがカウンセリング関係の中で自由に主体的に自己探究し，自己決定していくプロセスの重要性を主張し，そのためにカウンセラーは傾聴を中心とした非指示的方法をとるべきであるとした。また，彼が 1942 年に出版した『カウンセリングと心理療法（*Counseling and Psychotherapy*）』（Rogers, 1942 邦訳 2005a）では，カウンセリングと心理療法（サイコセラピー）は密接に関連する実践であると位置づけられた。それ以降，カウンセリングは適応上の問題解決のための指導や助言だけでなく，サイコセラピー的な働きかけや人格の変化や成長を目指した関与を含むようになった。

　ロジャーズは第二次世界大戦が終結した 1945 年にシカゴ大学の教授に就任し，1946〜47 年にはアメリカ心理学会の会長となった。この時期から米国では臨床心理士（clinical psychologist）の公的な資格制度が整備されていくことになる。アメリカ心理学会に臨床心理学部会（Division of Clinical Psychology）が設置されたのは 1948 年である。

エクササイズ 4.1：カウンセリング／心理療法において心理支援者は指示的（directive）であるべきか，非指示的（nondirective）であるべきか？

　ウィリアムソンとロジャーズの考え方や方法の違いは，カウンセリング／心理療法における「指示 – 非指示論争」（クライアントに対して指示をすべきか否か？）として展開され，現在でもその議論は続いている。あなたは，指示派と非指示派のどちらに賛成する気持ちが強いだろうか？　その理由はどのようなものか？　数分間の時間をとってひとりで考えるか，近くの人と話し合ってみよう。

C．日本へのサイコセラピーとカウンセリングの導入

　ヨーロッパの精神分析を中心としたサイコセラピーは，精神科医の古澤平作らの先駆的な活動によって，第二次世界大戦以前の日本にも導入されてい

第4章　心理学的支援法はどのように発展してきたのか　49

たが，その本格的な実践は第二次大戦後に行われることとなる。その後もし
ばらくは，サイコセラピーは精神療法と訳されることが多く，その担い手の
中心は精神科医をはじめとした医師であった。心理学を基礎とした心理支援
の活動は，主にカウンセリングやその訳語としての心理相談などと呼ばれて
いたが，1970年代以降の河合隼雄らによる分析心理学（ユング心理学）の導
入や，心理学を専門とする支援者による精神分析の実践の拡大などにより，
次第にカウンセリングとサイコセラピーが重なり合うかたちで実践されるよ
うになり，心理療法という用語が定着することになった。

　また，日本にカウンセリングが導入されたのは第二次大戦後のことであ
る。米国から派遣された教育使節団によりSPS（学生厚生補導）の研修会が
行われ，高等教育におけるカウンセリングの実践が推奨された。これを受け
て，1953年に東京大学に学生相談所が開設されたのをはじめとして，カウン
セリングの実践が開始された。加えて，ロジャーズのパーソン（クライアン
ト）センタードセラピー（当初は非指示的カウンセリングと呼ばれていた）
は，1948年に来日したファックス（Fox, L. J.）を通して友田不二男らに伝
えられ，1950年代以降その実践が広まっていった。

　その後，教育，保健医療，産業，司法・矯正，福祉などの分野で心理学的
支援法としてのカウンセリングの実践が広まり，次第に心理療法の活動と合
流していくことになる。

**実践への示唆4.1：心理療法（サイコセラピー）とカウンセリング
の違いと共通点**

　心理療法（サイコセラピー）とカウンセリングにはどのような違いと共通
点があるのだろうか（末武，2017a）。

　1．心理療法とカウンセリングの違い：一般に心理療法（サイコセラ
ピー）は人間のさまざまな精神病理的な問題への治療的な関わりを中心とす
るのに対して，カウンセリングは多くの人々が遭遇する人生のさまざまな問
題への対処を主要な目的とする，という点で違いがある。これは，サイコセ
ラピーがもとは医学的な治療法として生まれ，現在でも精神医療の分野では
精神療法として活用されているからである。したがって，カウンセリングに

比べると心理療法（サイコセラピー）は病気を治療するという医学モデルに準拠して実践されることが多い。

また，米国では臨床心理士とカウンセラーの大学院での養成課程が異なる州がほとんどで，多くは臨床心理士は博士課程（4〜5年間）で養成が行われ，一方カウンセラーは修士課程（2年間）で養成が行われている。こうしたことも，カウンセリングとサイコセラピーを区別する背景となっている。しかし英国などヨーロッパの多くの国では，カウンセラーもサイコセラピストも修士課程やディプロマ（1〜2年間）で養成されており，カウンセリングとサイコセラピーは互いに重なり合う実践領域であるという考え方の実践家が少なくない。

2．心理療法とカウンセリングの共通点：人間のさまざまな問題への心理学的な支援という点ではカウンセリングと心理療法は共通している。50分前後の継続的な面接によって支援を提供するという実践形態においても違いはない。医療や福祉の分野では心理療法や精神療法という言葉が用いられることが多く，教育や産業の分野ではカウンセリングと呼ばれることが多いが，内容的には重なるところが多い。また実践の中では，人生問題と病理的問題を単純に分けることができないケースも少なからずあり，それらを広く心理的苦悩としてとらえる考え方もある。

発展課題

カウンセリング／心理療法をはじめとする心理学的支援法の展開や発展の背景として，戦争をはじめとした歴史的・時代的要因がどのように影響を与えてきたのかを考えてみよう（例えば，日本における例としては，第二次世界大戦の敗戦によってそれまでの価値観を失った日本社会に，新たな精神的支柱としてカウンセリングや心理療法が導入されたのではないか，と問う最相葉月のノンフィクション小説『セラピスト』などを参照）。

第 4 章　心理学的支援法はどのように発展してきたのか　*51*

──────● **理解度確認テスト**（第 4 章）●──────

問 1 ．次の文中の空欄に入る適切な語句を，a 〜 f の中から選びなさい。

(1) サイコセラピーという言葉は，ギリシャ語の「プシケー（psyche：
〔　1　〕）」と「セラペイア（therapeia：〔　2　〕）」を語源にもつと言わ
れている。

(2) 米国では精神〔　3　〕（mental hygiene）の活動が展開されるようにな
り，〔　4　〕ガイダンスや教育測定／心理測定の動向とともにカウンセ
リングの誕生の背景となった。

(3) 日本では第 2 次大戦後に米国から派遣された教育使節団により SPS（学生
〔　5　〕補導）の研修会が行われ，高等教育におけるカウンセリングの
実践が推奨された。

　　a．職業　b．治療　c．厚生　d．魂　e．臨床　f．衛生

問 2 ．次の文章 6 〜 10 のうち正しいものには○，誤っているものには×を記入
しなさい。

6 ．フロイトは，ウィーンでヒステリーの治療に取り組んでいたブロイアーの
動物磁気療法に関心をもち，共同研究を行うようになった。〔　　　〕

7 ．ドイツのライプチヒ大学に留学した米国の心理学者ウィトマーは，帰国後
ペンシルベニア大学に心理クリニックを 1896 年に開設した。〔　　　〕

8 ．ウィリアムソンはミネソタ大学に学生相談所を設置し，心理テストを活用
した科学的・実証的な査定による指導助言を実施することによって，大学
における学生指導に学生相談を中心とした新しいモデルを提案した。
〔　　　〕

9 ．異なる背景から生まれたサイコセラピーとカウンセリングだったが，アメ
リカ心理学会の創設者パーソンズらに招かれて，1909 年にフロイトとユ
ングが米国で精神分析についての講演を行うなど，次第に研究交流が行わ
れるようになった。〔　　　〕

10．ロジャーズが 1942 年に出版した『カウンセリングと心理療法』では，カ
ウンセリングと心理療法（サイコセラピー）は密接に関連する実践である
と位置づけられた。〔　　　〕

第5章
心理学的支援法のさまざまな理論と方法

> **学習のポイント**
> • 心理学的支援法としてのカウンセリング／心理療法の現在までの発展について。
> • 心理学的支援法としてのカウンセリング／心理療法の主要な立場にはどんなものがあるのか。
> • 心理学的支援法としてのカウンセリング／心理療法の主要な方法。

1．心理学的支援法の現在までの発展

　前章では，心理学的支援法としてのカウンセリングや心理療法がどのような歴史的背景から誕生し，どのように発展していったのかを見た。そこでは主に，カウンセリングと心理療法が合流していく歴史的な動きを考察した。では，カウンセリング／心理療法をはじめとした心理学的支援法は，その後どのように発展し，どのような理論や方法を形成してきたのだろうか。

　この章では，心理学的支援法の現在までの発展を概観し，さらに心理学的支援法の主要な理論と方法にはどのようなものがあるのかを概説する。

（1）カウンセリング／心理療法の発展

A．カウンセリング／心理療法の世界的な発展

　第二次世界大戦後，カウンセリング／心理療法は当初は米国を中心としながら，その後世界的に発展していった。その主な動向を見てみよう。

　ロジャーズは1945年にシカゴ大学の教授に就任すると，同大学にカウン

セリングセンターを創設してクライアントセンタードセラピー（後のパーソンセンタードセラピー）の臨床研究に取り組んだ。ロジャーズらは，セラピーのセッションを録音し逐語記録に起こして分析する方法を開発し，また，セラピーの前後に効果測定のための調査を実施するなど，カウンセリング／心理療法の実証的研究に取り組んだ。ロジャーズらの実践と研究は，医師ではない心理学の専門家が心理学的な支援を行う，心理学的支援法としてのカウンセリング／心理療法のひとつの大きなモデルとなった。

　また，米国では第二次大戦以前から，条件づけの原理に基づく行動主義的な心理学が発展していたが，第二次大戦後にはスキナー（Skinner, B. F.）がオペラント条件づけやそれを用いた行動分析を定式化し，1950年代になるとウォルピ（Wolpe, J.）が逆制止や系統的脱感作といった技法を開発するなど，行動療法が発展していった。

　精神分析にも新たな動向が生じた。医師が中心であった精神分析家の中に，アンナ・フロイトやメラニー・クライン（Klein, M.）といった児童分析家をはじめとした非医師のセラピストたちが現れ，活躍するようになったのである。その後，自我心理学や対象関係論といった理論的・方法的な展開が生じ，またユングの分析心理学やアドラー（Adler, A.）の個人心理学といったフロイトの精神分析からの分派も発展した。そしてこれらの総称として，精神力動的セラピーという用語が用いられるようになった。

　1960年代以降には，エリス（Ellis, A.）による論理療法（後の論理情動行動療法）やベック（Beck, A. T.）の認知療法の開発などが契機となって，認知的なカウンセリング／心理療法が開発されるようになる。こうした動向はその後，行動療法と合流するかたちで2000年前後から認知行動療法として発展することになった。

　その他にも，1950〜60年代からシステム理論などを基礎とした家族療法やブリーフセラピーの実践が始まり，カウンセリング／心理療法の理論と方法に大きな影響を与えるようになった。こうした動向に沿って，さらに1980年代からは社会構成主義の理論に基づくナラティブセラピーが生まれた。また，1960〜70年代からは，コミュニティ心理学に基づくコミュニティアプローチの理論と方法が展開されるようになった。

B. 日本におけるカウンセリング／心理療法の発展

日本では，1950年代から1970年代にかけて友田不二男や伊東博，佐治守夫らによってクライアントセンタードセラピーの実践が全国に広まり，カウンセリングという用語が市民権を得るようになった。また，ロジャーズの共同研究者だったアクスライン（Axline, V. M.）のプレイセラピーの方法が日本にも導入され，深谷和子，村瀬嘉代子らによって子どもや家族への心理学的支援法が展開されることになった。

精神分析や精神力動的セラピーは，日本においても次第に心理学の分野に取り入れられるようになり，大槻憲二らによる先駆的な活動や，片口安史，馬場禮子らによる心理アセスメントへの適用などによって，心理学的支援法の重要な理論と方法として位置づけられるようになった。さらに1970年代以降には，スイスでユングの分析心理学を学んだ河合隼雄の活躍によって，ユング派の精神力動的セラピーや箱庭療法が日本に定着することになった。

また行動療法は，内山喜久雄らの臨床研究によって，やはり1970年代以降，教育や保健医療などの領域で幅広く活用されるようになった。

その後も，家族療法，ブリーフセラピー，コミュニティアプローチ，認知行動療法，ナラティブセラピー，表現芸術療法，日本的なエスノセラピーなどの理論と方法が，主要な心理学的支援法として展開されてきている。

（2） カウンセリング／心理療法の専門性の発展

カウンセリング／心理療法をはじめとした心理学的支援法が発展する中で，その専門性を確立する動きも活発化してきた。そのような専門性の発展に関する，国際的な動向および日本における現在までの動きをおさえておく。

A. 心理支援者の専門性についての国際的な動向

米国や英国を中心として，国際的には臨床心理士などの心理専門職の専門性に関しては，次のような議論がある。

１．科学者－実践者モデル（▶「用語集」）：これは，1949年に米国で開かれたボルダー会議において提案された，臨床心理士（clinical psychologist）の専門性を示す理念である。このモデルにおいては，臨床心理士には科学者と

して，そして実践者として，いずれも高い水準の知識と技能が求められるとされ，いずれかのみの力量では不十分であると見なされる。米国の臨床心理士は主に大学院博士課程で養成されており，現在に至るまで，この科学者－実践者モデルを支柱としてその専門性が維持されている。一方，日本の公認心理師および臨床心理士の養成は大学院修士課程が中心であり，実践者のみならず，科学者としても一定の水準を求めるこのモデルがそのまま適用できるかどうかには議論がある。しかし，心理支援者の専門性を考えるうえでは重要な理念であることは間違いない。

　2．エビデンスベースト・アプローチ（▶「用語集」）：心理支援者の専門性を考える際に重要な論点として取り上げられるものに，心理支援者が提供する心理学的支援法のエビデンス（科学的・実証的な根拠）の問題がある。ある心理学的支援法が，どのような心理的問題や苦悩に対して，どの程度の効果をもたらすことができるのかを，エビデンスに基づいて明確にしていこうとする取り組みをエビデンスベースト・アプローチと呼ぶ。歴史的には，1952年にアイゼンク（Eysenck, H. J.）が精神分析などの心理療法（サイコセラピー）の効果に対して疑問を投げかけたことが契機となって，その効果の有無を確かめようとする研究動向が生まれ，**メタ分析**（▶「用語集」）による検証などが行われることになった。その後，より詳細に，ある特定の問題や苦悩には，どの特定の方法がより効果があるのかを実証的に検証する研究が積み重ねられるようになり，現在のエビデンスベースト・アプローチへと発展してきている。

B．日本における心理支援者の専門性の発展

　日本では，1964年に日本臨床心理学会が設立され，臨床心理技術者の資格制度の検討が始められたが，さまざまな社会背景や要因などによって実現されなかった。その後，日本心理臨床学会が1984年に設立され，1988年からは臨床心理士の認定が行われるようになった。臨床心理士の資格制度が整備される中で，1990年代以降，臨床心理士養成のための指定大学院が全国に設置され，心理学的支援法についての専門的な教育・研究の組織が充実することになった。

そして 2015 年に法律が公布され，2017 年に施行された公認心理師の資格制度によって，さらなる心理学的支援法の発展と拡充が期待されている。

2．カウンセリング／心理療法の主要なパラダイム

心理学的支援法としてのカウンセリング／心理療法を，その人間観や科学観などの**パラダイム**（▶「用語集」）によって大きくカテゴリー化すると，次のように分類できる。

1. 人間性心理学に基づくヒューマニスティックなカウンセリング／心理療法
2. 精神分析を源流とする精神力動的なカウンセリング／心理療法
3. 科学的・実証的な考え方に基づく認知行動的カウンセリング／認知行動療法
4. その他の主要なカウンセリング／心理療法

図 5.1　心理学的支援法の主要なパラダイム

エクササイズ 5.1：心理学的支援法の主要なパラダイムに対する選好

まず，次の質問に回答してみよう。
1. 人間の中で最も強い動因（感情・認知・行動の原因）はどれだと思うか？
    a. 成長や自己実現　b. 攻撃や破壊　c. 環境からの影響

第5章　心理学的支援法のさまざまな理論と方法 | *57*

2．心理支援において焦点があてられるべき人間の側面はどれだと思うか？
　　a．意味ある人間的感情　b．破壊的な衝動　c．環境への適応様式

以上のうち，いずれかと言えば，a はヒューマニスティック，b は精神力動的，c は認知行動的なパラダイムが重視するものである。あなたはどのパラダイムを選好しているだろうか？　また，その理由はどのようなものか？　数分間の時間をとってひとりで考えるか，近くの人と話し合ってみよう。

3．カウンセリング／心理療法のさまざまな理論と方法

(1) ヒューマニスティックなカウンセリング／心理療法

ヒューマニスティック（humanistic）なカウンセリングや心理療法とは，実現傾向や統合性といった人間の高次機能を重視する人間性心理学を基礎として展開されている理論と方法の総称である。この立場は，クライアントの個性や独自性を尊重し，クライアントがもつ潜在力や資源を引き出すことを重視する。方法としては，問題解決のために技法を提供することよりも，クライアントとの関係性を重んじる傾向が強い。パーソンセンタードセラピー，ゲシュタルトセラピー，ロゴセラピー，フォーカシング指向セラピー，エモーションフォーカストセラピー，実存的・ヒューマニスティックセラピーなどが代表的なものである。

主なヒューマニスティックなカウンセリング／心理療法とその提唱者を列挙する。

- パーソンセンタードセラピー（person-centered therapy）：ロジャーズ（Rogers, C. R.）
- ゲシュタルトセラピー（gestalt therapy）：パールズ（Perls, F. S.）
- 現存在分析（Dasein-analysis）：ビンスワンガー（Binswanger, L. W.）
- ロゴセラピー（logotherapy）：フランクル（Frankl, V. E.）
- フォーカシング指向セラピー（focusing-oriented therapy）：ジェンドリン（Gendlin, E. T.）

- エモーションフォーカストセラピー（emotion-focused therapy）：グリーンバーグ（Greenberg, L. S.）ほか
- その他（実存的・ヒューマニスティックセラピー，エンカウンターグループ，体験的セラピー，ほか）

（2）精神力動的なカウンセリング／心理療法

　精神力動的（psychodynamic）なカウンセリング／心理療法は，フロイトの精神分析から発展してきた立場であり，解釈的な方法を中心として，クライアントの思考や感情，行動を規定している無意識的な力への洞察や理解が深まるのを援助する心理療法である。発達段階や養育環境の中で個人に獲得されてきた自我の機能，対象関係（親や他者との内的な関係のあり方）といった要因を重視する。

　主な精神力動的なカウンセリング／心理療法とその提唱者を列挙する。
- 精神分析（psychoanalysis）：フロイト（Freud, S.）
- 自我心理学（ego psychology）：アンナ・フロイト（Freud, A.）ほか
- 対象関係論（object-relations theory）：クライン（Klein, M.）ほか
- 個人心理学（individual psychology）（アドラー心理学）：アドラー（Adler, A.）
- 分析心理学（analytic psychology）（ユング心理学）：ユング（Jung, C. G.）
- 自己心理学（self psychology）：コフート（Kohut, H.）
- ラカン派精神分析（Lacanian psychoanalysis）：ラカン（Lacan, J.）
- その他（新フロイト派〈neo-Freudian〉，ほか）

（3）認知行動的カウンセリングと認知行動療法

　認知行動的（cognitive-behavioral）なカウンセリングと認知行動療法（cognitive-behavioral therapy: CBT）は，行動主義心理学から発展した行動療法に，人間の認知的な機能を重視する認知療法などが合流して展開されている立場で，科学的で実証的な指向性を強くもっている。カウンセラーとクライアントの関係性よりも，直接的に行動もしくは認知を修正すること

によって変化を生み出そうとする解決指向で技法中心の方法である。

主な認知行動的カウンセリング／認知行動療法とその提唱者を列挙する。

- 行動療法（behavior therapy）：アイゼンク（Eysenck, H. J.），ウォルピ（Wolpe, J.），ほか
- 行動分析（behavior analysis）：スキナー（Skinner, B. F.）
- モデリング（modeling）：バンデューラ（Bandura, A.）
- 論理療法（論理情動行動療法）（rational emotive behavior therapy: REBT）：エリス（Ellis, A.）
- 認知療法（cognitive therapy）：ベック（Beck, A. T.）
- 認知行動療法（cognitive behavioral therapy）：マイケンバウム（Meichenbaum, D. H.），ほか
- ソーシャルスキルトレーニング（social skills training: SST）：リバーマン（Liberman, R. P.），ほか
- 弁証法的行動療法（dialectical behavior therapy: DBT）：リネハン（Linehan, M.）
- マインドフルネス認知療法（mindfulness cognitive therapy）：カバット-ジン（Kabat-Zinn, J.），ティーズデール（Teasdale, J.），ほか
- アクセプタンス＆コミットメントセラピー（acceptance & commitment therapy: ACT）：ヘイズ（Hayes, S. C.），ほか
- その他（メタ認知療法，スキーマ療法，ほか）

（4）その他の主要なカウンセリング／心理療法

以上のほかに，システム理論に基づく家族療法やブリーフセラピー，表現的あるいは芸術的な媒体を活用するクリエイティブセラピー（表現芸術療法），種々の現代的で統合的な実践（交流分析，対人関係療法，など），さらに各文化圏の特色を生かした民族文化療法（エスノセラピー，日本では森田療法や内観療法など）などがある。

その他の主要なカウンセリング／心理療法を列挙する。

- 家族療法（family therapy）
- ブリーフセラピー（brief therapy）

- ナラティブセラピー（narrative therapy）
- クリエイティブセラピー（creative therapy）あるいは表現芸術療法
  （expressive art therapy）
  芸術療法（art therapy）
  演劇療法（drama therapy）
  サイコドラマ（psychodrama）
  音楽療法（music therapy）
  ダンスムーブメントセラピー（dance movement therapy）
  ビブリオセラピー（読書療法）（bibliotherapy）
  プレイセラピー（play therapy）
  箱庭療法（sandplay therapy）
  その他（シネマセラピー，アニマルセラピー，ほか）
- 現代的で統合的な実践
  交流分析（transactional analysis: TA）
  対人関係療法（interpersonal therapy: IPT）
  動機づけ面接（motivational interview: MI）
  眼球運動による脱感作と再処理（EMDR）
  折衷的・統合的・多元的アプローチ（eclectic or integrative or plu-
  ralistic approach）
  その他（リアリティセラピー，ボディワーク，ほか）
- 民族文化療法（エスノセラピー）（ethno-therapy）
  森田療法（morita therapy）
  内観療法（naikan therapy）
  その他（俳句連句療法，ほか）

関連トピック5.1：映像資料『グロリアと3人のセラピスト』

『グロリアと3人のセラピスト』(Shostrom, E. ⟨1965⟩ Three Approaches to Psychotherapy. ⟨Motion pictures⟩. Corena del Mar, CA: Psychological Films Inc. 日本語吹替え版1980, 日本・精神技術研究所) は，カウンセリング／

心理療法の場面を収録し公開した，歴史上初めての映像作品である。この章であげたカウンセリング／心理療法の中から，ロジャーズ（クライアントセンタードセラピー，後のパーソンセンタードセラピー），パールズ（ゲシュタルトセラピー），エリス（論理療法，後の論理情動行動療法）の３人のセラピストが登場し，それぞれの理論と方法を解説した後，女性のクライアント（グロリア）と面接を行い，最後にコメントを加えている。

この映像作品の公開後，現在までに実際のカウンセリング／心理療法を収録し，解説した多くの VTR や DVD が制作されているが，この『グロリアと３人のセラピスト』は，その中でもこれまで最も多くの人たちに視聴され，映像についての研究論文も数多く発表されていると言われている（Kirschenbaum, 2007）。こうした点から，心理学的支援法を学ぶ人たちにはぜひ視聴を勧めたい作品である。

ただし，クライアントのプライバシー保護のため，英語版は純粋な教育研究上の使用に限って視聴が認められている。日本語吹き替え版の視聴においても，同様の倫理的配慮が必要である（Burry, P. J., 2008 邦訳 2013）。

実践への示唆 5.1：カウンセリング／心理療法の方法

心理学的支援法としてのカウンセリング／心理療法について，方法的な特徴から分類してみる。矢印の右側には，その方法を主に用いる代表的な理論を例示した（ただし，あくまで例示であって，その理論がその方法しか用いないという意味ではない）。

1．対話的な方法

- 傾聴的で受容的な方法　→　Ex. パーソンセンタードセラピー
- 助言・指導的な方法　→　Ex. ガイダンス的カウンセリング
- 解釈的な方法　→　Ex. 精神力動的セラピー
- 積極的な方法　→　Ex. ゲシュタルトセラピー
- 説得的な方法　→　Ex. 論理療法（論理情動行動療法），ロゴセラピー
- 修正的な方法　→　Ex. 認知療法，ブリーフセラピー，ナラティブセラピー

2. 表現・芸術的な方法

• 遊びを用いる方法　→　Ex. プレイセラピー

• イメージや夢を活用する方法　→　Ex. 分析心理学

• 身体表現を活用する方法　→　Ex. ダンスムーブメントセラピー

• 絵画や造形を活用する方法　→　Ex. 芸術療法，箱庭療法

• 音楽を活用する方法　→　Ex. 音楽療法

• 物語や詩歌を活用する方法　→　Ex. ビブリオセラピー（読書療法）

• 即興劇や演劇を活用する方法　→　Ex. 演劇療法，サイコドラマ

3. 訓練的な方法

• 学習を活用する方法　→　Ex. 行動療法，認知行動療法

• スキルを教える方法　→　Ex. ソーシャルスキルトレーニング（SST）

• 心理的安定を教える方法　→　Ex. 第3世代認知行動療法，森田療法

4. 家族や集団を対象とする方法

• 家族カウンセリング，家族療法　→　Ex. システム論的アプローチ

• グループカウンセリング，グループセラピー
　　→　Ex. エンカウンターグループ

発展課題

　本章で紹介したエビデンスベースト・アプローチには，どのような種類のエビデンスがより信頼できるかについての基準を示した，エビデンスの階層（hierarchy of evidence）という考え方がある。米国や英国などでは，どのようなエビデンスの階層が用いられているか調べて，その考え方の特徴を検討してみよう（例えば，Cooper, 2008 邦訳 2012, pp. 241-242 参照）。

●　**理解度確認テスト**（第5章）　●

問1．次の文中の空欄に入る適切な語句を，a～fの中から選びなさい。

　（1）ヒューマニスティックなカウンセリング／心理療法では，クライアントの
　　　　〔　1　〕を尊重し，クライアントがもつ潜在力や資源を引き出すことを

重視する。方法としては，問題解決のために技法を提供することよりも，クライアントとの〔　2　〕性を重んじる傾向が強い。

(2) 精神力動的なカウンセリング／心理療法は，フロイトの精神分析から発展してきた立場であり，〔　3　〕的な方法を中心として，クライアントの思考や感情，行動を規定している無〔　4　〕的な力への洞察や理解が深まるのを援助する心理療法である。

(3) 認知行動的なカウンセリングと認知行動療法は，行動主義心理学から発展した行動療法に，人間の認知的な機能を重視する認知療法などが合流して展開されている立場で，科学的で〔　5　〕的な指向性を強くもっている。

　　a. 意識　b. 実証　c. 個性　d. 感覚　e. 関係　f. 解釈

問2. 次の文章6〜10のうち正しいものには○，誤っているものには×を記入しなさい。

6. 科学者－実践者モデルにおいては，臨床心理士には科学者か，あるいは実践者のいずれかにおいて，高い水準の知識と技能が求められるとされる。〔　　　〕

7. エビデンスベースト・アプローチとは，ある心理学的支援法が，どのような心理的問題や苦悩に対して，どの程度の効果をもたらすことができるのかを，エビデンスに基づいて明確にしていこうとするアプローチである。〔　　　〕

8. パラダイムとは，ある学問領域や文化において，ほぼ永遠不変に，多くの人々に共有されている考え方や認識の枠組みのことである。〔　　　〕

9. 第2次世界大戦後，精神分析の中にも非医師の精神分析家が現れるなどの変化が生じたが，それは主に健康な成人を対象とした精神力動的なカウンセリング／心理療法として発展した。〔　　　〕

10. 行動療法が認知行動療法として発展していくきっかけとしては，エリスによる論理療法（後の論理情動行動療法）やベックによる認知療法などが提案されたことが大きい。〔　　　〕

第6章
心理学的支援法の主要理論（その1）
心理学的支援法の基礎としてのパーソンセンタードセラピー

> **学習のポイント**
> - 心理学的支援法の基礎としてのパーソンセンタードセラピーはどのようなものか？
> - パーソンセンタードセラピーの歴史的発展についてその概要を知る。
> - パーソンセンタードセラピーの主要な理論と方法を理解する。

1. カウンセリング／心理療法におけるパーソンセンタードセラピーの特質

(1) パーソンセンタードセラピーとは

A. パーソンセンタードセラピーの位置づけ

パーソンセンタードセラピー（▶「用語集」）は、カール・ロジャーズによって創始されたカウンセリング／心理療法の理論と方法であり、ロジャーズ以後も主要な心理学的支援法のひとつとして世界的に実践され、ヒューマニスティックなカウンセリング／心理療法の中心に位置づけられている。種々の心理学的支援法の中で、いち早くクライアント尊重の理念を打ち出し、共感的な支援関係を重視することによって、カウンセリング／心理療法の発展や世界

カール・ロジャーズ
（Carl R. Rogers）

第6章　心理学的支援法の主要理論（その1）　｜　65

的な広がりを牽引してきた。

　パーソンセンタードセラピーが重視する傾聴を基盤とした方法や，共感を
はじめとした心理支援者の基本的な態度は，多くの心理支援の実践にとって
共通する重要な価値をもっている。心理支援の関係に権威的な要素やストレ
スフルな要素が含まれるとき，心理支援のプロセスはよい方向へ進まないこ
とがわかっている。したがって，精神力動的な方法や認知行動療法，その他
の方法を専門的に学んでいる，あるいは今後学ぼうとする人々にとっても，
パーソンセンタードセラピーの学習は必須のものであると言える（末武，
2017a）。

B.　パーソンセンタードセラピーのさまざまな名称

　当初は非指示的カウンセリングあるいは非指示的セラピーと呼ばれていた
が，その後ロジャーズはクライアントセンタードセラピーという用語を使用
するようになった。また晩年のロジャーズは，個人カウンセリングだけでな
く，エンカウンターグループによる集団活動や社会的活動にも携わるように
なり，こうした活動をパーソンセンタードアプローチ（PCA）と呼ぶように
なった。現在では，主にパーソンセンタードセラピーという名称が用いられ
ているが，非指示的セラピー，クライアントセンタードセラピー，パーソン
センタードアプローチ（PCA），さらには体験的セラピーやフォーカシング
指向セラピーなどがその中に包含されるか，互いに近接するかたちで発展し
ている（Sanders, 2004 邦訳 2007）。

⑵　パーソンセンタードセラピーの歴史的発展

　パーソンセンタードセラピーは，次のような歴史的な展開を遂げてきた。
　**1．クライアント（パーソン）センタードセラピーの誕生（1940年代前
半）**：ロジャーズは，児童相談などの経験から非指示的アプローチを提唱。
オハイオ州立大学教授としてクライアントセンタードセラピーを発展させた。
　**2．クライアント（パーソン）センタードセラピーの発展（1940年代後半
～50年代）**：ロジャーズは，シカゴ大学カウンセリングセンターを中心にク
ライアント（パーソン）センタードセラピーの臨床と実証的研究を展開した。

3．クライアント（パーソン）センタードセラピーの深化（1950年代後半〜60年代前半）：ロジャーズはウィスコンシン大学に移籍し，ウィスコンシンプロジェクト（統合失調症患者への心理療法の臨床研究，1957〜1964年）を実施した。心理療法の過程研究が遂行され，体験過程の理論が生まれた。

4．パーソンセンタードアプローチの展開（1960年代後半〜70年代）：西部行動科学研究所へ移ったロジャーズは，ヒューマンポテンシャル運動に関与するようになり，エンカウンターグループを展開した。その後，人間研究センターを設立して，パーソンセンタードアプローチ（PCA）を推進することになった。

5．ロジャーズ晩年の活動（1980年代）：民族間対立の緩和や平和問題などの社会的問題への取り組みを行い，その活動は「静かなる革命」と呼ばれた。

6．ロジャーズ没後の展開（1990年代〜現在）：パーソンセンタードセラピー，体験的セラピー，フォーカシング指向セラピーなどが展開，2001年に国際学会（World Association for Person-Centered and Experiential Psychotherapy and Counseling: WAPCEPC）が設立された。

(3) パーソンセンタードセラピーの人間観

ロジャーズは，1942年に公刊した『カウンセリングと心理療法』の中で，「この新しいアプローチは，人間の成長や健康，適応へと向かう動因について，きわめてより大きな信頼を寄せている」（Rogers, 1942 邦訳 2005a, p. 32）と述べ，人間の無意識の病理や衝動性を重視した精神分析とも，人間の本性を白紙と見なし人間機械論的な見方をとる行動主義の心理学とも異なる人間観を示した。その人間観は，1951年の『クライアント中心療法（*Client-Centered Therapy*）』では，「生命体は，一つの基本的な傾向と力（striving）をもっている——それは，体験のただ中にある生命体自身を実現し，維持し，増進することである」（Rogers, 1951 邦訳 2005b, p. 321）と表現され，その後ロジャーズは，人間の最も重要な動因を**実現傾向**（▶「用語集」）と呼ぶようになった（Rogers, 1961 邦訳 2005c）。実現傾向とは，ロジャーズが生命体や人間にとって最も根源的な動因と考えたもので，生命体が自ら

第6章　心理学的支援法の主要理論（その1）　67

をよりよく実現していこうとする潜在的な力のことであり，適切な環境の条件下では生命体はこの傾向に従って成長していく。ロジャーズにとっては，カウンセリングやサイコセラピーによってもたらされるべきものは，こうした実現傾向を促進する最適な人間関係であるとされた。

　このようなロジャーズの人間観に対しては，人間の衝動性や破壊的側面を軽視しているのではないか，人間は社会や環境からの影響や刷り込みによって初めて善き存在になれるのではないか，といった議論や批判もある（Kirschenbaum & Henderson, 1989b）。しかし，その肯定的な人間観は，クライアント尊重の理念ともあいまって，カウンセリングやサイコセラピーの社会的な浸透を先導してきたと言える。

2．パーソンセンタードセラピーの理論

（1）パーソンセンタードセラピーの人格理論——自己理論

　パーソンセンタードセラピーの主要理論のひとつが**自己理論**（▶「用語集」）と呼ばれる人格理論である（Rogers, 1951 邦訳 2005b 所収）。これは，自己概念（あるいはその総体としての自己構造）と**体験**（▶「用語集」）の一致・不一致による人格理論である。この理論は，「個人はすべて，自分を中心とした，絶え間なく変化している体験の世界に存在している（命題1）」という記述に始まる 19 の命題によって構成されており，個人が知覚する世界について，その人自身がもつ**内側からの視点**（内的照合枠，内的準拠枠）（▶「用語集」）によって理解するという理論的立場がとられている。そして，心理的不適応を，「生命体が，重要な知覚的・直感的な体験に気づくことを否認し，その結果，そうした体験が象徴化されずに，自己構造のゲシュタルトの中に組織化されないときに生じる（命題 14）」ととらえ，そのうえで，「自己の構造にとって本来的にまったくどんな脅威もないような一定の条件下では，自己の構造と一致しない体験がしだいに認知され，検討されるようになり，そして自己の構造はこうした体験を取り入れ，包含するように修正されていく（命題 17）」と定式化されている（**関連トピック6.1**参照）。

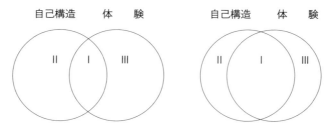

第Ⅰ領域：自己概念は体験から供給される根拠と調和，一致している。
第Ⅱ領域：体験が歪曲されて象徴化されている。
第Ⅲ領域：体験が自己の構造と一致しないために意識化が否認されている。

図6.1　自己理論の図式的説明（Rogers, 1951 邦訳2005b, pp. 353-354）

　図6.1に自己理論の図式的説明を示した。この図で言うと，自己構造と体験の一致する領域が狭い左の図が不適応的な状態を示し，その領域が拡大した右の図が適応的な状態を示している。また，自己構造が体験を包含し修正されていくような「まったくどんな脅威もないような一定の条件」とは，どのようなものであるのかという問題が，次の「セラピーによる変化のための必要十分条件」の理論につながっていく。

関連トピック6.1：「人格と行動についての理論」の命題（Rogers, 1951 邦訳2005bより抜粋）

　自己理論は，19の命題から構成されている。以下に，その命題の抜粋を記す。

　1．個人はすべて，自分を中心とした，絶え間なく変化している体験の世界に存在している。

　2．生命体（organism）は，体験され知覚されるものとしての場に反応する。この認知される場は，個人にとって「現実」である。

　4．生命体は，一つの基本的な傾向と力（striving）をもっている――それは，体験のただ中にある生命体自身を実現し，維持し，増進することである。

　7．行動を理解するためのもっとも有利な視点は，その個人自身がもつ内側からの視点（internal frame of reference）によるものである。

8．全体に認知される場のある部分は，しだいに自己（self）として分化されるようになる。

12．生命体が採択する行動様式のほとんどは，自己概念と一致したものである。

14．心理的不適応とは，生命体が，重要な知覚的・直感的な体験（sensory and visceral experience）に気づくことを否認し，その結果，そうした体験が象徴化されずに，自己構造のゲシュタルトの中に組織化されないときに生じる。このような状況が存在するとき，基本的または潜在的な心理的緊張が生じる。

15．心理的適応とは，自己概念が，ある水準以上の象徴化において，生命体の知覚的・直感的な体験の全体を自己概念と一致した関係の中に取り入れているか，あるいは取り入れることができるときに存在する。

16．自己の組織あるいは構造と一致しない体験はすべて，何らかの脅威として認知される可能性をもつ。そして，このような認知が多ければ多いほど，自己の構造はそれ自体を維持するためにより強固に組織化される。

17．自己の構造にとって本来的にまったくどんな脅威もないような一定の条件下では，自己の構造と一致しない体験がしだいに認知され，検討されるようになり，そして自己の構造はこうした体験を取り入れ，包含するように修正されていく。

(2) パーソンセンタードセラピーの支援理論
——セラピーによる変化のための必要十分条件

パーソンセンタードセラピーのもうひとつの主要理論は，**セラピーによる変化のための必要十分条件**（▶「用語集」）であり，それは次のように記述されている（Rogers, 1957）。

1．2人の人が心理的接触をもっている。
2．第1の人（クライアントと呼ぶことにする）は，不一致（incong-

ruence）の状態にあり，傷つきやすく，不安の状態にある。

3．第2の人（セラピストと呼ぶことにする）は，その関係の中で一致（congruence）しており，統合している。

4．セラピストは，クライアントに対して無条件の肯定的配慮（unconditional positive regard）を経験している。

5．セラピストは，クライアントの内的照合枠（internal frame of reference）に共感的理解（empathic understanding）を経験しており，この経験をクライアントに伝えようと努めている。

6．セラピストの共感的理解と無条件の肯定的配慮が，最低限クライアントに伝わっている。

　このうち，3．一致（自己一致とも言う），4．無条件の肯定的配慮，5．共感的理解，はセラピスト（カウンセラー）の態度条件と呼ばれ，セラピー関係の構築にとって不可欠な人間的態度であると考えられるものである。

　一致とは，クライアントとの関係の中でセラピストが自由にそして深く自分自身になりきっており，そこで自分が体験していることが正確に意識されているような状態のことであり，純粋性（genuineness），真実性，透明性などとも呼ばれる。

　無条件の肯定的配慮とは，クライアントを独立した人格として尊重し，その人が独自の体験や感情をもち，自分の人生を自ら切り開いていく自由と権利を有する存在として認めていく態度のことである。受容（acceptance），尊重，肯定的関心などとも言われる。

　共感的理解は，クライアントの内的で私的な世界をできる限り正確に共有していこうという態度のことであり，共感（empathy），感情移入などとも言われるが，お互いの違いや独自性は認識されていなければならず，クライアントへの感情的な同情（sympathy）や癒着，同一視などとは質的に異なるものである。

　この3条件は，パーソンセンタードセラピーの中核条件とも言われ，現在に至るまで多くのカウンセラーやセラピストにその重要性が共有されている。

第6章　心理学的支援法の主要理論（その1）　71

（3）カウンセリング／心理療法のプロセス

　パーソンセンタードセラピーの理論的な成果のひとつに，カウンセリング／心理療法の中でクライアントがどのように変化していくのかという，変化のプロセスについての概念化をあげることができる。これは過程概念（process conception）と呼ばれる理論で，ロジャーズはそれを，固定性から変易性へ，硬直した構造から流動性へ，停止から過程へと動くものとしてとらえた（Rogers, 1961 邦訳 2005c）。さらにロジャーズと共同研究者たちはその主要な要因を抽出し，**過程尺度**（プロセススケール）（▶「用語集」）というクライアントの変化の過程を測定する尺度を開発した（Walker et al., 1960 邦訳 1966）（**表6.1**参照）。これはカウンセリングやサイコセラピーの中で生じる変化の過程を，次の七つの要因からとらえるものである。

1. **感情と個人的意味づけ**：自分が感じていることを自分自身のものとして受けとめて，その意味づけを主体的に行う度合い。

表6.1　クライアントの変化についての過程尺度の要約

	過程の段階		
	低	中	高
感情と個人的意味づけ	認められない・表出されない	所有感が増大・表出が増大	流れの中に生きる・十分に体験される
体験過程の様式	遠く離れている・気づかれない	遠隔感が減少・気づきの増大	過程の中に生きる・照合体として活用
不一致の度合い	認識されない	認識の増大	あっても一時的
自己の伝達	欠けている	伝達の増大	自由で豊かな伝達
個人的構成概念	構成概念の固さ・事実として認識	固さの減少・自己関与の認識	一時的な構成概念・意味づけの柔軟性
問題に対する関係	認識されない	責任感の増大	外的対象と見ない
対人的関係	親密な関係は危険であると回避	危険だという感覚の減少	開放的で自由な関係をもつ

（Walker et al., 1960 邦訳 1966, p. 235 をもとに作成）

2．**体験過程の様式**：心身で感じられている体験の流れを照合体として活用している度合い。

3．**不一致の度合い**：自己概念と体験が一致している度合い。

4．**自己の伝達**：自分自身を他者に率直に伝えようとしている度合い。

5．**個人的構成概念**：信念や思い込みの柔軟性の度合い。

6．**問題に対する関係**：自分の問題を自分自身のものとして主体的に受けとめている度合い。

7．**対人的関係**：対人的関係に開かれ，親密でいられる度合い。

(4) 十分に機能する人間

さらにロジャーズは，パーソンセンタードセラピーにおいてクライアントが向かう変化の方向の究極点を，**十分に機能する人間**（▶「用語集」）として提示した。それは，次のような人間の姿である（Rogers, 1961 邦訳 2005c；末武，2017a）。

1．**体験に開かれる**：防衛性という極点から離れて，体験に開かれるという極点へと向かう動きが示される。

2．**実存的に生きるようになる**：瞬間瞬間を十分に生きる傾向を強く見せるようになる。

3．**自己の生命体をより信頼するようになる**：判断や行動の規準が自分の外に置かれるよりも，自己の生命体が全体として感じていることが基準として信頼されるようになる。

そして，ロジャーズはこのような十分に機能する人間の概念が潜在的にもつ意味についてさらに付記している。

4．**選択の自由**：自分が深い満足を感じることができるような選択をするようになる。

5．**創 造 性**：環境との新しい関わり方をつくり上げ，創造的に生きるようになる。

6．**人間の本性への信頼**：人間の基本的な本性は，それが自由に働いているときには建設的で信頼できるものであると感じることができるよう

第6章　心理学的支援法の主要理論（その1）　73

になる。

7．**より豊かな生き方**：このようなプロセスの中に生きる人は，より広い
領域，多様性，豊かさを伴った生き方ができるようになる。

3．パーソンセンタードセラピーの基本的な方法

（1）非指示的応答

パーソンセンタードセラピーの初期において，それまでの指導や助言を中
心とした指示的な方法との違いを打ち出すために，**非指示的応答**（▶「用語集」）
が提案された。その主要な応答は次のようなものである（友田，1996）。

1．**場面構成**：場面構成とは，カウンセリングの場と関係の構造化のこと

表 6.2　ロジャーズによる非指示的応答の具体例

（第4回面接の冒頭部分，クはクライアント，カはカウンセラー）。

ク 263　ぼくは，自分が今の戦争状況にとても強く反応していることに気づいたんで
す。とてもはっきりとした感情をもっていて——もしもぼくが巻き込まれるんだった
ら，つまり，兵役につかされるんだったら——

カ 263　ええ，ええ。

ク 264　ぼくが感じているのは，今のぼくの状態ではそれは破滅であるというだけでな
く，仮にそのうちに治ることになっているとしても——ぼくの健康な理想は常に——
その一，統制されることへの憎悪なんです。それにぼくは，個人のイニシアチブや民
間の活力などを愛しているんです——ですから，戦争状況といったものはぼくにはと
ても耐えられないでしょう。ぼくは自分が召集されるだろうなんて考えたこともな
かったんですが（彼なりの理由を述べる），今では，召集されるかもしれないと思っ
てまったく落ち着かないんです。

カ 264　あなたは，それがとても耐えがたいものだろうと感じているのですね。

ク 265　たとえぼくが心理的に理想状態に到達していたとしても，そんな生活はぼくに
は絶対に不本意なものだって分かります——ぼくが育ってきた生き方——教えられて
きた理想や，ぼくが常に追求してきた個人的な生き方ともまったく違うものなんです
から。（間）だからぼくは，この状況にとても強く反応してるんです。

カ 265　ええ，ええ。それがまさにあなたを動揺させていると感じているのですね？
……（以下，略）

（Rogers, 1942 邦訳 2005a「ハーバート・ブライアンのケース」p. 307 より）

表 6.3　ロジャーズによる一致の伝達の具体例

　グロリア 54　……わたしは，治療の中でも，この言葉を何回となくいいました。そして，大ていの先生がたは，わたしが「ユートピア」というのをきくと，苦笑したり，あるいは軽蔑して笑うんです。でもわたしが感情に従って，心の中によい感じをもっているとき，それは一種のユートピアなんです。たとえ，よいものであれ，悪いものであれ，それが私の感じたいあり方なんです。でもわたしは，自分については正しいと感じているんです。

　ロジャーズ 55　そのようなユートピアの瞬間の中で，あなたは，事実全体の感情といったものをも感じている。ひとつの中に全体を感じている。

　グロリア 55　はい，そういって下さいますと，それがここにあると確かめられるような，強い感じを受けることができます。本当はもっとひんぱんにこんな気持ちになりたいんですけど。そんな全体感が好きなんです。それはわたしにとって本当に尊いものなんです。

　ロジャーズ 56　誰でも，それは，自分が望むほどひんぱんにはもつことができないものだと思います。でもわたしにはそれが本当に理解できます。それはあなたを心から感動させる，そうじゃないですか。

　グロリア 56　はい，それに，わたしが，今，ほかのことを考えているのがおわかりですか，変なことですが。今，なんか先生とお話している間に，突然わたしは，「まあ，わたしはずい分うまく先生と話しできているなあ，先生にわたしを認めて欲しいなあ，先生は尊敬できるなあ」と思っているんです。そして，わたしの父が先生のようにわたしに話すことができなかったことを，とっても残念に思うんです。「ああ，先生が父の代りであったらよかったのに」といいたいということなんです。どうしてそんな考えが出てきたのかわかりませんが。

　ロジャーズ 57　わたしには，あなたはとってもよい娘のように思えますよ。……（以下，略）

（佐治ほか訳 1980『グロリアと 3 人のセラピスト：トランスクリプト（日本語版）』p. 18-19 より）

である。温かく応答的な態度，**ラポール**（▶「用語集」）の形成，感情の自由な表現の許容，明確な制限（責任，時間，攻撃的行動，愛情）の設定，圧力や強制から解放されること等が重視される。

　2．シンプルな受容：単純な受容などとも訳されるが，これはクライアントの発言をそのまま，ありのままに（つまり，疑念や批判などを交えずに）受けとめることである。具体的には，傾聴する中で示されるうなずきや相づち，さらに表情や姿勢などの非言語的態度によって伝えられる。

　3．表現内容の繰り返し：これはいわゆる伝え返しのことである。クライアントが語った言葉のポイントや言い回しについて，こちら側の考えや判断をいったん脇に置いてそのままを伝え返す応答である。

　4．感情の反射：感情の反射とは，クライアントが表明している感情や態

度を正確に受け取り，それらを共感的に鏡映することである。クライアント
への正確で深い共感的な理解が必要となる。

5．感情の明確化：感情の明確化とは，クライアントに感じられてはいる
が，まだ十分に言葉になっていない感情への焦点化とその明確化である。

（2）一致とプレゼンス

非指示的応答はパーソンセンタードセラピーの主要な方法として広く共有
されていったが，ロジャーズ自身はその技術的な側面だけが広がることに疑
問をもち，むしろ上述した中核条件（人間的態度）を重視した。非指示的応
答では，カウンセラー／セラピストが自分の中にあるもの（考えや感情，
メッセージなど）を伝えることはそれほど重視されていないので，パーソン
センタードセラピーとはカウンセラー／セラピストからは何も働きかけない
方法であると誤解されることもある。しかし，能動的に自分自身を活用しな
ければならない場面もある。大切なのは，クライアントへの共感や尊重に基
づいたカウンセラーの能動的なあり方である。ロジャーズは，無条件の肯定
的配慮や共感的理解と同時に，偽りのない一致した態度や動きを重視した。

さらに，こうしたロジャーズによる一致した態度の重視は，その後，彼が
プレゼンス（▶「用語集」）と呼ぶようなあり方に結びついた。プレゼンスとは，
相手とともにいることへの誠実な態度のことで，自己への執着から離れて，
そこで体験されることに心を開いているあり方のことである。

**実践への示唆6.1：パーソンセンタードセラピーの基本的な方法を
活用する**

パーソンセンタードセラピーの基本的な方法を心理支援の中で生かすため
に，より具体的にその方法を以下に示してみる（Cl. はクライアント，Co. は
カウンセラーの略）

1．場面構成（場と関係の構造化，設定）
- 場所と時間の設定：なるべく静かで安全な場所で，支援のための時間を
  設定する。

- **ラポールの形成**：自然でリラックスした態度で，クライアントに思いやりをもって関心を向け，問題やその人自身についての語りをうながす。
- **傾聴，観察，理解**：クライアントの語りを傾聴し，非言語的な表現を観察し，伝えようとしていることの内容と気持ちを理解する。

2．基本的な応答

- **シンプルな受容**：そのまま受けとめる。クライアントに対して疑念や批判などを交えない，誠実な態度によるうなずき，あいづち，など。
- **表現内容の繰り返し**：語りのポイントを伝え返す。クライアントが話していることのキーワードをつかみながら，そのまま伝え返す。

  例　Cl.「何と言うか，あのー，最近とても，えーと，とても忙しいんです」→ Co.「最近とても忙しいんですね」

- **感情の反射**：気持ちを共感的に伝え返す。相手の気持ちに共感的に触れながら，それを伝え返す。

  例　Cl.「ええ，それで，最近とても忙しくて，本当に大変なんです」→ Co.「本当に大変だと感じているんですね」

- **感情の明確化**：気持ちを正確に明確化する。相手のまだ十分に明確になっていない感情や，非言語的な態度に表れている意味を明確化する。

  例　Cl.「はい，本当に大変な状態なんです，それで……」→ Co.「それで，どうにかしなければ，と思っているのでしょうか」

3．その他の基本的な方法

- **質　　問**：問いかける。質問には，閉じた質問（はい・いいえや短い答えを問うもの）と，開かれた質問（自由な語りを問うもの）があるが，できるだけ開かれた質問によって，相手が聞いてほしいと思っていることを中心に問いかける。

  例　Co.「あなたはどうしたいと思っているのでしょうか？」

- **要　　約**：相手が語ったことの全体や，あるまとまりの要点をまとめる。

  例　Co.「あなたが最も大変だと思うことは，〜ということなのですね」

- **一致したメッセージの伝達**：傾聴する中で湧いてきたクライアントその人や語りの内容，感情についての印象やメッセージを，押しつけにならないかたちで伝える。

  例　Co.「自暴自棄にならずにやっていこうとする，それがあなたの特徴なのだと私は思います」

第 6 章　心理学的支援法の主要理論（その1）　77

エクササイズ6.1：パーソンセンタードセラピーの基本的方法を活用したカウンセリングのロールプレイ

　近くの人とペアになり，話し手（クライアント役）と聴き手（カウンセラー役）になって，パーソンセンタードセラピーの基本的方法を活用したカウンセリングのロールプレイを実施してみよう。5〜10分の時間をとって，話し手は，最近自分が体験した気になる出来事（あるいは授業担当者が用意したシナリオ）を聴き手に語る。聴き手は，「実践への示唆6.1」を参考にしながら，話し手に応答する。終了後に，聴き手の応答の適切さを中心にロールプレイを二人で振り返る。その後，ペアで役割を交替し，同様のことをやってみよう（終了後は話し手が話した内容のプライバシーに留意すること）。

発展課題

　ロジャーズが提唱したセラピーによる変化のための必要十分条件の中核条件（自己一致，無条件の肯定的配慮，共感的理解）は，一致・受容・共感として広くカウンセリング／心理療法の実践の中に浸透している。しかしその意義や重要性についてはさまざまな議論がある。関連する文献（Cooper, 2008 邦訳2012；丹野ほか，2015 など）を調べて，これら中核条件が心理学的支援法の中でどのような位置づけにあるのか検討してみよう。

━━━━━━━● **理解度確認テスト**（第6章）●━━━━━━━

問1．次の文中の空欄に入る適切な語句を，a〜fの中から選びなさい。
　（1）パーソンセンタードセラピーは当初，非〔　1　〕的セラピーと呼ばれていたが，その後ロジャーズはクライアントセンタードセラピーという用語を使用するようになった。
　（2）〔　2　〕尺度（プロセススケール）とは，ロジャーズらが開発した，パーソンセンタードセラピーにおけるクライアントの変化を測定する尺度である。〔　3　〕と個人的意味づけ，体験過程の様式など，7つの要因から成

る。

(3) ロジャーズは，パーソンセンタードセラピーにおいてクライアントが向かう変化の方向の究極点を，「十分に〔　4　〕する人間」として提示した。それは，体験に開かれる，〔　5　〕的に生きる，自己の生命体を信頼する，といった方向性から成るものとして記述された。

　　　a. 支持　b. 機能　c. 指示　d. 実存　e. 過程　f. 感情

問2．次の文章6〜10のうち正しいものには○，誤っているものには×を記入しなさい。

6．自己理論（self theory）とは，ロジャーズが提唱した人格理論であり，自己概念（その総体としての自己構造）と体験の一致・不一致から人格の適応・不適応をとらえるものである。〔　　　〕

7．内側からの視点（internal frame of reference）とは，個人がもつ，自分自身や世界を見ているその人独自の視点であり，内的照合枠，内的準拠枠などとも言われる。〔　　　〕

8．セラピーによる変化のための必要十分条件は，ロジャーズが提唱したパーソンセンタードセラピーの核心を表現する条件であり，そのうち，受容，無条件の肯定的配慮，共感的理解の3条件は中核条件と呼ばれている。〔　　　〕

9．非指示的応答は，パーソン（クライアント）センタードセラピーの初期に定式化された基本的な方法であり，場面構成，シンプルな受容，表現内容の繰り返し，感情の反射，感情の解釈といった応答から成る。〔　　　〕

10．ロジャーズによる一致した態度の重視は，その後，彼がプレゼンスと呼ぶあり方に結びついた。プレゼンスとは，相手とともにいることへの誠実な態度のことで，自己への執着から離れて，そこで体験されることに心を開いているあり方のことである。〔　　　〕

第7章
心理学的支援法の主要理論（その2）
パーソンセンタードセラピーの発展的方法と
ヒューマニスティックセラピー

> **学習のポイント**
> - パーソンセンタードセラピーの発展としてのエンカウンターグループとパーソンセンタードアプローチ（PCA）とはどういうものか。
> - ロジャーズ以後のパーソンセンタードセラピーの主要な発展を知る。
> - パーソンセンタードセラピー以外の主要なヒューマニスティックセラピーについて。

1. エンカウンターグループとパーソンセンタードアプローチ（PCA）

前章（第6章）では，パーソンセンタードセラピーの基本的な理論と方法をみた。この章では，パーソンセンタードセラピーの理論的・方法的な発展として，晩年のロジャーズによって展開された**エンカウンターグループ**（▶「用語集」）と**パーソンセンタードアプローチ**（PCA）（▶「用語集」），さらにロジャーズ以後に登場してきたフォーカシング指向セラピーや体験的セラピーなどの発展的方法を解説する。

ユージン・ジェンドリン
（Eugene T. Gendlin）

表 7.1　ロジャーズの代表的な PCA の実践例

内戦中の北アイルランド市民とのエンカウンターグループ（1973 年）
アパルトヘイト下の南アフリカでのワークショップ（1983 年）
中央アメリカの政府高官を集めたルストワークショップ（1985 年）
ソビエト連邦での講演とワークショップ（1986 年）

（1）エンカウンターグループ

エンカウンターグループとは，パーソンセンタードセラピーの理論と方法を集団におけるメンバーの心理的成長やコミュニケーションの改善のために適用するもので，10 人前後のメンバーと 1 ～ 2 名のファシリテーター（促進者）で構成される。エンカウンターとは出会いという意味で，ロジャーズによる方法では，特に話題や課題を決めずにメンバー間の自発的な自己表現やコミュニケーションによってセッションが進められていく。集中的なグループセッションを数泊の合宿で実施したり，あるいは通いの形式で行ったりする。このようなロジャーズによる方法を，ベーシックエンカウンターグループとも呼ぶ。なお，エンカウンターグループにはこのほかに，各種のエクササイズを活用しながらコミュニケーションの改善や深まりを促進しようとする構成的エンカウンターグループという方法もある。

（2）パーソンセンタードアプローチ（PCA）

パーソンセンタードアプローチ（PCA）とは，晩年のロジャーズが自分の立場や方法を表す際に用いた言葉で，パーソンセンタードセラピーやエンカウンターグループによってもたらされた人間理解や支援のアプローチを，教育，政治，民族間のコミュニケーション，宗教，哲学といった幅広い領域に適用しようとするものである。ロジャーズはこうした PCA による社会的な変革の運動を「静かなる革命」と呼んだ（Rogers & Russell, 2002 邦訳 2006）。

> **関連トピック7.1：ロジャーズによるエンカウンターグループと PCA の実際場面を描いた映像作品**
>
> エンカウンターグループの実際の場面を収録した映像としては，映画『出会いへの道』(原題：Journey into Self〈Western Behavioral Sciences Institute〉，1968 年，米国；日本語版，心理メディア研究所）がある。この作品は，1968年のアカデミー賞の記録映画部門賞を受賞している。ファシリテーターはカール・ロジャーズとリチャード・ファーソンで，数十時間のグループセッションが1時間弱の作品として編集されている。
>
> また，ロジャーズによる PCA の実際については，映画『鋼鉄のシャッター』(原題：The Steel Shutter〈The Center for Study of Person〉1974 年，米国；日本語版，心理メディア研究所）がある。ファシリテーターはカール・ロジャーズ，パット・ライス，オードリー・マックゴウで，内戦中の北アイルランドのベルファストから参加した，プロテスタント4名，カトリック4名，英国陸軍退役大佐1名をメンバーとした，3日間24時間のグループセッションが1時間ほどに編集されている（文献としては，Rice, 1978 邦訳 2003 参照）。

2．パーソンセンタードセラピーの発展的方法

(1) ロジャーズ以後の発展

ロジャーズのもとで学んだ著名な臨床家としては，児童中心の遊戯療法家アクスライン，親業（parent effectiveness training）などの援助的コミュニケーションの開発者ゴードン（Gordon, T.）らがいる。ロジャーズの娘ナタリー・ロジャーズ（Rogers, N.）はパーソンセンタード表現アートセラピーの実践家として活躍した。こうした人々の中でも，ロジャーズ以後の動向に最も強い影響を与えてきたのはジェンドリンである。哲学を専攻していたジェンドリンは，1952 年にロジャーズたちの研究グループに合流したが，その理論的思考と臨床研究によって体験過程の概念が生み出され，パーソン

センタードセラピーの中に**体験過程**（▶「用語集」）の推進を重視する体験的な方法が発展することになった（末武，2017a）。

（2）体験過程の理論

A. 体験過程

　ジェンドリンは，ロジャーズが自己理論において重視した体験（知覚的・直感的な体験）の概念を緻密に規定し直し，体験過程という用語をつくり出した。そしてこの体験過程がいかに機能するかということが，心理的健康やカウンセリングの成功の鍵を握っていることを明らかにした。ジェンドリンによれば，体験過程とは次のような特質から定義されるものである（Gendlin, 1961 邦訳 1981）。

　1．体験過程は感情の過程（a feeling process）である。
　2．それは現在この瞬間において生起している。
　3．それは直接的な照合体（a direct referent）である。
　4．体験過程に導かれて概念化が行われる。
　5．それは豊かな意味を暗々裏に含んでいる（implicitly meaningful）。
　6．それは前概念的・生命体的な過程（a preconceptual and organic process）である。

　体験過程とは現在この瞬間に自分の中で感じられていて，そこから言葉や豊かな意味が表出される生命体的な過程であり，そしてこの体験過程——特にその感じられる意味（フェルトセンス felt sense）——に注意を向け，触れ，それを適切に言葉や行為にすることが，人格変化のための必要不可欠な要素であることが明らかにされたのである。

B. 焦点づけ（フォーカシング）の位相

　ジェンドリンは，カウンセリング／心理療法において変化が生じる鍵となるプロセスを「焦点づけ（フォーカシング）」と呼び，その位相を次のように描写した（Gendlin, 1964 邦訳 1999）。

第7章　心理学的支援法の主要理論（その2）　83

1．直接のレファレンス（direct reference：フォーカシングの位相Ⅰ）
　　——概念的にはおぼろげだが，体験する感じとしてははっきりしてい
　　　　る，ある感じられた意味への直接の照合。
2．ひらけ（unfolding：フォーカシングの位相Ⅱ）
　　——いくつかの局面のひらけと象徴化。シフトとも言う。
3．全面的な適用（global application：フォーカシングの位相Ⅲ）
　　——全面的適用がどっと押し寄せてくること。
4．レファレントの移動（referent movement：フォーカシングの位相Ⅳ）
　　——はじめに感じられていたレファラントが移動し，かくて過程は再
　　　　び位相のⅠから始まることが可能となる。

C．体験過程スケール

　ロジャーズらがクライアントの変化のプロセスを測定するために開発した
過程尺度は七つの要因から構成されていたが，その中心的な要因は「体験過

表7.2　体験過程スケール（EXP scale）

段　階	評定基準
1	自己関与を伴わない単なる出来事についての語りであり，感情は表現されない。
2	自己関与を伴う出来事についての語りであるが，感情はほとんど表現されないか，表現されても表面的であったり，知性化されたものである。
3	感情が表明されるが，それは出来事への反応として語られ，状況に限定されている。
4	語りは出来事だけでなく，本人の内的な感じ方や体験の仕方に関するものである。
5	自分の体験過程や感じていることへ自己探索的に関わる。自己吟味，問題提起，仮説提起などが見られる。
6	自己探索的な試みにより，新たな気づきが生じる。
7	気づきがさらに広範な統合や洞察へと深まり，人生のさまざまな側面に発展する。

（Klein et al., 1986 より作成）

程の様式」であることがわかり，その後，体験過程スケール（EXP scale）が開発された（**表7.2** 参照）。

（3） フォーカシングとフォーカシング指向セラピー

ジェンドリンは，カウンセリング／心理療法の中で生じる核心的な動きである**フォーカシング**（▶「用語集」）――心身の実感（フェルトセンス）への焦点づけ――を，多くの人が身近に体験できるようにスキルとしてまとめた（Gendlin, 1981 邦訳 1982）。**表7.3** に，ジェンドリンによる6ステップの教示を示したが，これ以外にもフォーカシングをトレーニングする種々の方法

表7.3　フォーカシングのステップ

1.　**空間をつくる**（clearing a space）：今，どんなことが気になっているのか，自分のからだに問いかけましょう。すぐに答えずに，からだに起こってくるものに触れてみてください。浮かんできたことの中に入り込まないでください。出てきたものそれぞれに対して挨拶をしてください。ひとつずつ，しばらくあなたの横においてください。気がかりなことをわきに置いてみると，あなたの内面はどうでしょうか。
2.　**感じる**（felt sense）：焦点をあててみたいことを一つ取り上げてください。その中に入ってはいけません。その問題の全体を思い起こすとき，からだに何を感じるでしょうか。それらのすべてのもの，全部の感じ，漠然としたからだの感じを味わってください。
3.　**ハンドルをつかむ**（getting a handle）：そのからだの感じ（フェルトセンス）の質はどんなものでしょうか。この感じから，どんな言葉やイメージが出てくるでしょうか。どんな表現がそれに最もよくあてはまるでしょうか。
4.　**共鳴させる**（resonating）：出てきたものとフェルトセンスを共鳴させましょう。それはフェルトセンスをぴったりとあらわすものでしょうか。もしフェルトセンスが変化（シフト）したら，注意をそれに向けてください。
5.　**尋ねる**（asking）：「私をそう……させているのは何だろう」とからだに問いかけてみてください。もし行き詰まっていたら「この感じで最もよくないのは何だろう」とか「どんなことが起こったらいいのだろう」とからだに聞いてみてください。
6.　**受け取る**（receiving）：どんなものが浮かんできても歓迎してください。それはこの問題に関するひとつのステップにすぎず，最終的なものではありません。それがどこにあるか知った今，それから離れたり，後でそこに戻ってくることもできます。批判的な声からそれを守ってください。今起こったすべてのことを受け取って，終わりにします。

（Gendlin, 1981 邦訳 1982, pp.227-229 より作成）

第7章　心理学的支援法の主要理論（その2）　85

やマニュアルが開発されている（近田・日笠，2005 参照）。

　さらに，フォーカシングを中核にして，多様な方法を統合的に活用していこうとする方法はフォーカシング指向セラピーとして展開されている（Gendlin, 1996 邦訳 1998/1999）。

エクササイズ7.1：フォーカシングを体験する

　表7.3のフォーカシングのステップ（あるいは，より詳しい手引きがニューヨークのフォーカシング研究所のホームページに掲載されている。http://www.focusing.org/jp/6_steps.asp）を使って，フォーカシングを体験してみよう。5〜10分間の時間をとって，自分ひとりで体験するか，あるいは近くの人とペアになり話し手（フォーカサー）と聴き手（リスナー）の役割を決めて，リスナーはステップをひとつずつゆっくりとフォーカサーに伝えて，フォーカサーから表現される気持ちを傾聴してみる。その後，ペアで役割を交替し，同様のことをやってみて，フォーカシングの体験がどうだったかを話し合ってみよう（終了後は話し手が話した内容のプライバシーに留意すること）。

（4）パーソンセンタードセラピーから発展したその他の理論

A．体験的セラピー

　ジェンドリンによる体験過程の理論やクライアントの体験過程の推進をはかる方法の提案は，パーソンセンタードセラピーの中に，非指示性を重視する方向とは異なる動向を生み出した。それは，体験過程の推進のために，従来のパーソンセンタードセラピーでは用いられなかった種々の方法を統合していこうとするアプローチで，**体験的セラピー**（▶「用語集」）と呼ばれている。代表的な体験的セラピーには，プロセス体験的セラピー（Greenberg, Rice, & Elliot, 1993），体験的アプローチ（Rennie, 1998），プロセスワーク（Worsley, 2002）などがある（Sanders, 2004 邦訳 2007 参照）。

表7.4　プリセラピーにおける接触反射

1.　**状況反射**（situational reflection）：クライアントがいる状況・環境・環界を反射すること（例「赤いボールで遊んでいますね」）

2.　**表情反射**（facial reflection）：クライアントの顔に表れている感情を反射すること（例「表情が悲しそうに見えます」）

3.　**逐語反射**（word-for-word reflection）：クライアントが表現する単語や断片的な数語や断片的な意味を，一語一語"歓迎するように"繰り返すこと（例「今"友だちはどこ？"と言いましたね」）

4.　**身体反射**（body reflection）：クライアントのからだの動作・姿勢を反射すること（例「腕が宙に浮いて，上下に動いていますね」）

5.　**反復反射**（reiterative reflection）：心理的接触をつくるのに成功した反射を繰り返すこと（例「私が語りかけてから，ボールをそっと下に置きましたね」）

B.　エモーションフォーカストセラピー（EFT）

体験的セラピーから発展し，近年注目されている方法として，グリーンバーグらによって定式化された**エモーションフォーカストセラピー**（EFT）（▶「用語集」）がある（Greenberg, 2011 邦訳 2013）。

EFT は，クライアントの問題の基盤にある情動的スキームに注目し，その適応的な変容を目指す方法である。EFT では，情動的スキームの明確化のために共感的理解を細分化して用い──共感的反射，共感的探究，共感的推測など──，また，情動的スキームの変容のために，二つの椅子の対話やエンプティチェアなどのゲシュタルトセラピーの技法を活用する。

C.　プリセラピー

統合失調症や発達障害などの障害のためにコミュニケーションをとることが難しいクライアントとの間に心理的接触を築く方法として，プラゥティ（Prouty, G.）は**プリセラピー**（▶「用語集」）と呼ばれる方法を開発している。その方法は，非指示的応答の中の反射を拡充したもので，接触反射（contact reflection）という方法を用いる（Prouty, 1994 邦訳 2001）。

第 7 章　心理学的支援法の主要理論（その 2）　*87*

関連トピック 7.2：パーソンセンタードセラピーの発展と展望

　1．パーソンセンタードセラピーの展開：現在，パーソンセンタードセラピーという名称が使われる背景としては，晩年のロジャーズが，個人セラピーの枠を超えてパーソンセンタードアプローチ（PCA）を発展させようと意図したことがある。つまり，クライアントという言葉でとらえられない人たちにもこのアプローチが有益であることを示すために，パーソンという言葉が使われるようになったのである。援助する側もされる側も人（パーソン）であって，そこには本質的な違いはないというのがパーソンセンタードの理念である。

　パーソンセンタードセラピーという名称が使われるようになったもうひとつの意味として，困難な問題や重篤な障害などを抱える人たちへも支援対象が拡大されてきた，ということがある。自発的な来談者としてのクライアントだけでなく，多様な困難やニーズをもった人々（医療機関の患者や福祉サービスを受ける利用者など）にもパーソンセンタードセラピーの実践が試みられている（Mearns, 1994 邦訳 2000）。

　また，そうした実践を支えるための理論としてパーソンセンタード精神病理学（Joseph & Worsley, 2005）が提案されている。これは，従来の精神病理学——伝統的な医学的モデルや，精神力動的あるいは近年の認知科学的なモデルなど——に，パーソンセンタードの観点を取り入れようとするものである。日本でも精神疾患の病名や症状名などが変更される例が相次いでいるが，精神病理を診断する概念には，診断する側の論理が中心で，される側の立場への配慮を欠いたものがいまだに少なくない。パーソンセンタード精神病理学が今後展開されていく中で，精神的な病理や苦悩を抱える人たちにとってより有益なモデルや概念が生み出されることが期待されている。

　2．理論的・哲学的展望：パーソンセンタードセラピーやフォーカシング指向セラピーの発展に関連して，力強い哲学的な基盤が築かれてきた。それはジェンドリンの『プロセスモデル（*A Process Model*）』の哲学である（Gendlin, 1997）。このプロセスモデルは，身体，生命，時空間，進化，行動，言語，文化，普遍性といった問題を独自の視点から解明しようとする哲学で，私たちの人間や世界の理解に新たな認識を開く可能性をもっている。

　そのエッセンスを紹介すると，このプロセスモデルでは，私たちの身体の

機能や構造がほとんど同じであるけれどもまったく同じではない無数のプロセスの連続から成り立っている（リーフィング leafing）と考える。指紋や声質などを例にとれば明らかであるが，まったく重なり合う機能も構造も世界には存在しない。生命体は，環境との相互作用の中で，そして絶えざる変化の中で，複雑かつ個性的に生きている。生命体は生きているプロセスの中で，自分の心身が混乱するのではなく，推進していく方向を暗黙のうちに知っている（インプライング implying）。それは精密な，進行していく秩序によって支えられていて，身体活動も精神活動もそしてセラピーも，こうした推進の方向性に沿うことでその人にとって真に意味あるものになる（モナド monad）（詳細は，諸富・村里・末武，2009，参照）。ジェンドリンはその哲学を「継続する哲学」と呼んでいる。プロセスモデルによって切り拓かれた哲学が，さらに進展していくことが期待されている。

3．パーソンセンタードセラピー以外の主要なヒューマニスティックセラピー

(1) 種々のヒューマニスティックセラピーの背景

　ヒューマニスティックセラピーは，人間性心理学や実存哲学などを基礎として展開されているカウンセリング／心理療法の総称である。

　人間性心理学（humanistic psychology）とは，人間の統合性や創造性，自己実現といった高次の機能や肯定的な側面を重視する心理学の潮流を指す。科学的で実証的な指向性をもつ行動主義の心理学，人間の無意識の力動や病理に注目する精神分析への対抗として，心理学の第3勢力と位置づけられる。人間性心理学は，行動主義心理学や精神分析が人間を機械論的あるいは決定論的にとらえてしまい，その主体的で健康な側面を軽視しがちであったことへの反省や異議申し立てとして発展してきた。

　また実存哲学とは，「実存は本質に先立つ」という言葉に表現されるように，世界の絶対的真実や歴史的な必然といった事柄よりも，個々の人間存在の意味やあり方を問題にする思想的潮流である。実存主義とも言う。

第7章 心理学的支援法の主要理論（その2） | 89

　代表的なヒューマニスティックセラピーには，パーソンセンタードセラピーのほかに，ゲシュタルトセラピー，現存在分析，ロゴセラピー，その他の実存的・ヒューマニスティックセラピーなどがある。

（2） ゲシュタルトセラピー

　ゲシュタルトセラピー（▶「用語集」）は，ゲシュタルト心理学や実存哲学などを背景としてパールズによって提唱されたカウンセリング／心理療法である。ゲシュタルト（gestalt）は，もとはドイツ語で「形態」や「全体」の意味である。ゲシュタルト心理学では「全体は部分の総和以上のものである」と言われるように，知覚の全体は刺激に対する個々の部分的反応によっては説明できない（例えば，錯視などの全体的知覚は，諸部分の知覚の総和ではない）。ゲシュタルトセラピーでは，部分にとらわれた断片的で不完全な生き方を，より統合的で全体的な生き方へと変容させるために，「今，ここで（here and now）」生じていることに注目し，その体験への覚醒を通して，自由な自分自身を取り戻すことを目的としている。創造的なセラピー関係の中で，エンプティチェア（未完の行為の対象や，生かされてこなかった自己の部分との対話を，空の椅子との間で行う），二つの椅子の対話（葛藤している自己や，対人間の対話を二つの椅子を交互に使用して行う），ドリームワーク（夢の登場人物やストーリーを再現しながら体験する）などの方法が用いられる（パールズ，邦訳1990）。

（3） 現存在分析

　現存在分析（▶「用語集」）は，いずれもスイスの精神科医で精神分析の影響を受けた，ビンスワンガーおよびボス（Boss, M.）によって提唱された方法である。彼らは次第に精神分析的な理論や方法から離れ，より実存哲学的な人間理解への方向へと向かい，哲学者ハイデッガー（Heidegger, M.）の現象学的存在論をとり入れることになった。現存在分析では人間存在を世界に「開かれた」ものとして，つまり，世界の中で人と環境は分かちがたく相互につながり合ったものである，と考える。そして個人と世界との関係，あるいは世界の中における個人を存在論的に了解することを目指した。

現存在分析はその後，ヨーロッパおよび米国の実存的／ヒューマニスティックセラピーに影響を与えていくことになった（Sanders, 2004 邦訳2007）。

(4) ロゴセラピー

ロゴセラピー（▶「用語集」）は，第二次世界大戦における強制収容所体験の心理分析『夜と霧』（Frankl, 1946 邦訳2002）の作者として知られているフランクルによって提唱された方法である。ロゴセラピーは，人間の「意味への意志」を重視し，意味の喪失を「実存的空虚」と呼ぶ。そしてその実存的空虚によってもたらされる現代人の心理的な病を「実存神経症」と名づけ，ロゴセラピーはこの実存神経症の治癒を目指すのである（フランクル，邦訳2004）。

ロゴセラピーの主要な方法として，次のものがある。

1．**説得技法**（appealing technique）：クライアントに人生には意味があると説得し，その意味が何であるかを示唆する方法。

2．**ソクラテスの対話法**（Socratic dialogue）：クライアントを人生の意味へと導くために用いられる問答法。

3．**逆説志向**（paradoxical intention）：クライアントが最も恐れていることに対しても肯定的な態度をとることができるという前提に立って，最も恐れていることを実行する——あるいはそうしていると考える——ようにクライアントを導く技法。逆説的介入（paradoxical intervention）とも言う。

4．**脱　内　省**（derefleciton）：クライアントが自分の問題や関心事から注意をそらし，その代わりに，クライアントを取り巻く世界へと焦点をあてるように促進する技法。脱反省とも言う。

(5) その他の実存的・ヒューマニスティックセラピー

その他の実存的・ヒューマニスティックセラピーとしては，次のものがある（Sanders, 2004 邦訳2007）。

心理学者ロロ・メイ（Rollo May）とその共同研究者たち——ビューゲンタール（Bugental, J.），ヤーロム（Yalom, I.）ら——による実存的セラ

ピーは，米国における実存的・ヒューマニスティックセラピーの発展を導いた。

　また，米国西海岸では，ゲシュタルト心理学者のレヴィン（Lewin, K.）やサイコドラマの開発者モレノの影響を受けた心理学者シュッツ（Schutz, W.）を中心に，エサレン研究所が設立され，ゲシュタルトセラピーのパールズもそこで活動するなど，米国におけるヒューマニスティックセラピーの展開の拠点となった。

　イギリスでは，レイン（Laing, R. D.）の実存的アプローチや，その影響から展開してきた，実存分析の英国学派――ヴァン・ダーゼン（van Deurzen, E.），スピネッリ（Spinelli, E.）ら――などの流れがある。

実践への示唆 7.1：パーソンセンタードセラピーの発展的な方法やその他のヒューマニスティックセラピーをどのように活用するか

　この章でみたパーソンセンタードセラピーの発展的な方法やその他のヒューマニスティックセラピーは，パーソンセンタードセラピーの基本的な方法と比較すると，より積極的で体験的な介入を活用するものである。前章で解説したパーソンセンタードセラピーの基本的な方法（実践への示唆6.1）のうえにこれらをどのように組み合わせ，どのように活用したらよいかを考えてみよう。

　1．傾聴と積極的な方法をどのように組み合わせたらよいか：カウンセリング／心理療法の中で積極的な介入をとり入れるときに，それらを傾聴と適切に組み合わせて用いることが大切である。そのためには，積極的な方法がクライアントにどのような影響や効果（マイナスの面も含めて）をもたらしているのかについて常に配慮し，必要な場合には傾聴に戻る姿勢をもち続けることである。そうした姿勢が，カウンセリング／心理療法に相互作用と安全さの両面をもたらす。

　2．中核条件を保ちながら積極的な方法を用いるには：ロジャーズによる中核条件（一致・受容・共感）は，傾聴の中だけで機能するものではなく，さまざまな積極的な介入を用いる場合でも必要な態度である。ある方法を用いる際に，「それを誠実に用いているか？（一致）」「クライアントを尊重して

用いているか？（受容）」「クライアントがどう感じているかを適切に理解しているか？（共感）」という観点から絶えず振り返ることで，さまざまな方法の機械的・形式的な適用から，より人間的な活用に開かれると言える。

　3．対話と協働によってクライアントのニーズを確認する：十分なラポールを形成し，安全な関係の中で対話と協働によってクライアントのニーズを確認する。そうする中で，クライアントが求めていることが傾聴であるのか，より積極的な方法であるのかを確かめながら進めていくことが重要である。

発展課題

　本章でみたヒューマニスティックセラピーの背景には，人間とはどのような存在なのか，というヒューマニズムや実存哲学などの問題意識がある。フランクル『夜と霧』，ミルグラム『服従の心理』などの作品を読んで，人間存在の意味，限界状況における人間の姿や可能性について考えてみよう。

● **理解度確認テスト**（第7章）●

問1．次の文中の空欄に入る適切な語句を，a〜fの中から選びなさい。
　(1) パールズによって提唱された〔　1　〕セラピーは，部分にとらわれた断片的で不完全な生き方を，より統合的で全体的な生き方へと変容させるために，今・ここで生じていることに注目し，体験への〔　2　〕を通して，自由な自分自身を取り戻すことを目的としている。
　(2) ビンスワンガーやボスによる〔　3　〕分析では，人間存在を世界に開かれたものとして，つまり，世界の中で人と環境は分かちがたく相互につながり合ったものである，と考え，個人と世界との関係，あるいは世界の中における個人を存在論的に了解することを目指した。
　(3) フランクルによる〔　4　〕セラピーでは，人間の意味への意志を重視し，意味の喪失を実存的〔　5　〕と呼ぶ。
　　　a．ロゴ　b．覚醒　c．空虚　d．洞察　e．ゲシュタルト　f．現存在

第7章　心理学的支援法の主要理論（その2）　93

問2．次の文章6〜10のうち正しいものには○，誤っているものには×を記入
　　　しなさい。

　　6．パーソンセンタードアプローチ（PCA）とは，パーソンセンタードセラ
　　　　ピーやエンカウンターグループのアプローチを幅広い領域に適用しようと
　　　　するもので，ロジャーズはそうした活動を「遥かなる革命」と呼んだ。
　　　　〔　　　　〕

　　7．体験過程（experiencing）とは，ジェンドリンによる用語で，現在この瞬
　　　　間に感じられていて，そこから言葉や豊かな意味が表出される生命体的な
　　　　過程のことである。〔　　　　〕

　　8．フォーカシング（focusing）は，ジェンドリンによって定式化された，カ
　　　　ウンセリング／心理療法の中で生じる核心的な動きであり，フェルトセン
　　　　ス（心身の実感）への焦点づけのことである。〔　　　　〕

　　9．プリセラピー（pretherapy）とは，体験過程の推進のために，従来のパー
　　　　ソンセンタードセラピーでは用いられなかった種々の方法を統合していこ
　　　　うとするアプローチの総称である。〔　　　　〕

　　10．ロゴセラピー（logotherapy）の主要な方法には，説得技法，ソクラテス
　　　　の対話法，逆説志向（逆説的介入），脱内省（脱反省）がある。〔　　　　〕

第8章
心理学的支援法の主要理論(その3)
精神分析と精神力動的セラピー

> **学習のポイント**
> - 精神分析およびそこから発展してきた精神力動的な理論とはどのようなものか。
> - 精神力動的セラピーの主要な方法について。
> - 精神力動的セラピーの理論と方法を心理学的支援法の中にどのように取り入れるか。

1．精神分析と精神力動的な理論

(1) 精神分析および精神力動的セラピーとは

　精神分析（▶「用語集」）はフロイトによって創始された，人間の心的メカニズムや精神病理の理論および治療技法の体系を指す。また，フロイト以後の分派を含めた発展的な理論体系全般のことを**精神力動的セラピー**（▶「用語集」）と呼ぶ。

　精神分析および精神力動的セラピーは，解釈的な方法を中心として，クライアントの思考や感情，行動を規定している無意識的な力への洞察や理解が深まるのを支援する。

　ヒューマニスティックセラピーや認知行動療法な

ジークムント・フロイト
(Sigmund Freud)

どと比較した場合，その特徴としては次のことがあげられる。

　1．無意識的な力動性の重視：心理的問題や苦悩の原因として，個人の意識的な働きよりも，無意識的な力動性を重視する。

　2．親子関係や生育史の重視：個人の精神的な発達には，幼少期における親や養育者との関係のあり方が大きな影響を及ぼしていると考える。そのため，自由連想法による過去の想起によって，クライアントの問題や苦悩の原因を探究する。

　3．問題や苦悩の意味やその洞察の重視：心理的問題や苦悩には原因と意味があると考え，それを解明することでクライアントに洞察をもたらそうとする。

　4．対人的関係の重視：精神分析や精神力動的セラピーにおいては，治療的退行や抵抗，転移といった独特の関係が生じ，またそうした関係性を克服していくことが重要な支援の目的であるとされる。

（2）精神分析の基本的な理論

　フロイトの**精神分析理論**（▶「用語集」）はどのようなものだろうか。以下，局所論，力動論，エネルギー経済論，発達論，構造論，防衛機制論についてみてみる（馬場，2000）。

A．局所論

　局所論とは，人間の心が，意識・前意識・無意識の三つの心的過程，あるいはその心的過程が生じる領域から構成されているとする理論である。

　意識とは，自分自身で意識し統制することが可能な心的過程，またはその心的過程の領域のことである。

　前意識とは，忘れかけていて意識から消えかかっているが，思い出そうとすれば意識することができる心的過程，またはその領域のことである。

　無意識とは，思い出そうとしても通常は思い出すことができないが，自由連想といった特定の操作によって初めて意識されるような心的過程，またはその領域のことである。フロイトによる局所論では，この無意識的な心的過程と，それが生じている無意識の領域を重視する。本人が認めがたいものは

意識から締め出して，無意識に閉じ込める。これは抑圧というメカニズムである。無意識的な内容は当人に気づかれず，夢，症状，不適応行動，失錯行為などの中に現れる，とフロイトは考えた。

B．力 動 論

力動論とは，あらゆる心的現象の背後に心理的な力や無意識的な動機を仮定し，個人の心的現象や行動を，それらの諸力の葛藤や妥協の現れとして理解しようとするものである。心的な諸現象は単に偶然の産物として生起しているのではなく，心の中のさまざまな力の協働や対抗による，何らかの目標や意味へと向かって生じているものであるととらえられる。フロイトは，人間の心的現象は無秩序に起きるのではなく，それに先行した出来事やそこから引き起こされた諸力によって，一定の因果関係に基づいて生起すると考えた。このような考えを，心的決定論と呼ぶ。

C．エネルギー経済論

エネルギー経済論とは，あらゆる心的現象が，心的エネルギー（リビドーlibido）によって担われていると仮定し，このエネルギーの移動や増減によってさまざまな心的現象や行動が生み出される，という考え方のことである。リビドーは，言い換えると性的なエネルギーである。そしてリビドーが，ある対象や観念に向けられ，そこに貯留することを備給（カセクシスcathexis）と呼ぶ。例えば，リビドーがある対象に付与されることを対象カセクシスと呼ぶが，その増大はその対象への関心の増大や没頭の現象となって現れ，逆にその減少は，対象への無関心や疎隔となって現れる。

D．発 達 論

精神分析的な発達論は，小児性欲説あるいは性的発達段階の理論とも呼ばれる。その理論では，性的本能であるリビドーは小児期にも存在すると考え，その精神発達の過程において何らかの原因でリビドーが留まってしまう現象を固着（fixation）と呼び，その時期（固着点）を想定する。その発達段階は次のように考えられている。

1．口唇期（0〜1歳半くらいまで）：吸う・のみこむ・吐き出す・かみつくなどの行為に象徴される時期。乳児は母親に受身的に依存している段階であり，母親からの反応によって乳児の欲求充足が得られ，そのことで満足感，安心感をもつことができるようになる。こうした充足体験の積み重ねによって，幼児には母親への基本的な信頼感が形成される。

2．肛門期（1歳半〜4歳くらいまで）：トイレットトレーニングやしつけが始まる。しつけは，幼児に自分の欲求の満足か，母親の愛情確保かの選択を迫る。自己および対象の支配，サディズム・マゾヒズム，能動性と受動性の対立や葛藤がテーマとなる。

3．男根期（エディプス期）（4〜6歳くらいまで）：この時期に幼児は男女の性別を認識する。この頃にはエディプスコンプレックスと呼ばれる心的葛藤，つまり男児の場合には母親への性愛と父親への攻撃の願望が高まる。自分が父親を邪魔に思っているという気持ちは，外界に投影され，父親が自分を邪魔に思っていると置き換えられる（去勢不安）。去勢不安によってこの時期にはエディプス願望を諦めて，父親と同一化することで超自我が形成される。女児にも，父親への性愛と母親への攻撃願望が高まるが，罪悪感の発生とともに母親への同一化が起こり，超自我が形成される。自己主張・競争心・虚栄心などがこの時期の心理的葛藤の主題になる。

4．潜伏期（6〜12歳くらいまで）：性的な心的葛藤が延期される時期である。子どもは知識を拡大し，視野を広げ，将来の適応のための準備をする。この時期の精神活動は比較的安定し，年齢的には学齢期に入り，集団生活の中で知識や技術の習得が可能になる。潜在期とも言う。

5．性器期（12歳以降）：性器愛または性器的態勢によってそれまでの口唇期から男根期までの小児性欲が統合される。異性の親を鬱陶しく感じるようになり，親離れが始まる。同時に，親から取り込んだ価値規範である超自我の書き換えが行われ，「こうなりたい自分」という自我理想によって欲求をコントロールするようになる。最終的には異性対象を部分的にではなく全体的に，ひとりの人間として愛せるようになり，それまでのバラバラであった倒錯的な性的活動が性器的態勢を中心としたものに統合される（これをフロイトは，性器統裁と呼んだ）。

E. 構造論

構造論は，人間の心を，エス（イド）・自我・超自我の3層構造から考える理論であり，フロイトの後期の理論を代表するものである。

エス（Es）（イド id）は，本能的な欲動（Trieb, instinctive drive）の源泉のことである。それは，不快を避けて快を求める快楽原則に支配され，非論理的で非現実的な思考や衝動的な行動をもたらす。また，後期から晩年のフロイトは，欲動には生（性）の本能であるエロスと，死（破壊）の本能であるタナトスの2種類があるとした。

超自我（super-ego）とは，良心あるいは道徳的禁止の機能を果たすものであり，エスの欲動を検閲し抑圧する。多くは無意識的なものであり，この超自我の禁止に反した場合には，後悔や罪責感といった感情が生じる。

自我（ego）は，エス・超自我・外界からの要求から生じる精神力動的葛藤を現実原則に従って調整する機能を果たす。自我はエスのための充足や発散を図ると同時に，環境との関係を調整する。

このような構造論的な考え方によって，自我の適応的な機能を重視する自我心理学が発展することになった。

F. 防衛機制論

防衛機制とは，自我が受け入れがたい状況にさらされたときに，その不安を軽減しようとする無意識的なメカニズムのことである。フロイトが発見していた抑圧や退行などのほか，アンナ・フロイトらによってさまざまな防衛機制の種類が定式化された。主要な防衛機制には，次のものがある。

抑　圧（repression）：自我にとって危険な衝動，記憶，イメージを意識から追放すること，あるいは無意識に押しとどめること。

合理化（rationalization）：歪曲された事実を用いたり，飛躍した論理を用いたりすること。

反動形成（reaction formation）：意識すると不安や恐怖，不快が起こるような意識的な欲動や感情の意識化を防ぐために，それと正反対の態度を強調すること。

同一化（identification）：あたかも何らかの特徴をもつ別の人物になっ

たかのような気持ちになったり，考えたりすること。同一視とも言う。

投　　影（projection）：自分の中の認めがたい感情を，外界または他者に属するものであり，そちらから自己に向かってくるものとして知覚すること。投射とも言う。

退　　行（regression）：心に苦痛を引き起こす事態に直面したとき，現在の自分より幼い時期の発達段階に戻ること。

昇　　華（sublimation）：ある禁止された本能的欲求がその目的を性的満足，攻撃的満足など社会的に否定されるものでなく，社会的に好ましいものに変えることによって発散すること。

エクササイズ 8.1：ジョハリの窓で自分の無意識的な面に気づく

　精神分析理論では人間の無意識的な面を重視する。ここではジョハリの窓と呼ばれるエクササイズを通して，自分にはどのような無意識的な面があるか探究してみよう。ジョハリの窓は心理学者ジョセフ・ルフト（Joseph Luft）とハリー・インガム（Harry Ingham）によって考案されたものである。5〜10 分間の時間をとってひとりで取り組むか，自分のことをよく知っている人とペアになり，下の図の I・II・III に入る自分の性格特徴を記入し，IV については何が可能性としてありそうか考えてみよう。ペアの場合は役割を交替し，同様のことをやってみて，互いにどのような無意識的な面をもっているのか話し合ってみよう（なお，ジョハリの窓にはこのほかにもさまざまなやり方がある。また，終了後は互いのプライバシーに留意すること）。

　性格特徴の例：明るい，暗い，楽しい，悲しい，真面目な，不真面目な，固い，柔らかい，おおらかな，繊細な，……（その他，20 項目ほどを取り上げて，I・II・III のどこに入るかを考えてみよう）。

　この図においては，II と IV がいわゆる自己の無意識的な領域だと言えるだろう。

ジョハリの窓

	自分にわかっている	自分にわかっていない
他人にわかっている	I **開放の窓** 「公開された自己」 (open self)	II **盲点の窓** 「自分は気がついていないものの, 他人からは見られている自己」 (blind self)
他人にわかっていない	III **秘密の窓** 「隠された自己」 (hidden self)	IV **未知の窓** 「誰からもまだ知られていない自己」 (unknown self)

(3) 精神分析から発展した精神力動的な理論

　フロイトの精神分析を受け継ぎ, それを発展させた主要な精神力動的な理論には, **自我心理学** (▶「用語集」) と**対象関係論** (▶「用語集」) がある (小此木, 2002)。

A. 自我心理学

　フロイトによる自我の機能についての考えを受け継ぎ, 発展させた理論が自我心理学である。

　フロイトの娘アンナ・フロイトは, 精神分析を子どもに適用した児童分析の開拓者であり, 自我の防衛機制やその発達についての考えを発展させた自我心理学の先駆者である。彼女は, 児童分析の実践を通して, 乳幼児の心理的問題や心的発達を直接の観察や臨床の対象とした。その後, ボウルビィ (Bowlby, J. M.), スピッツ (Spitz, R. A.), マーラー (Mahler, M. S.), スターン (Stern, D. N.) らによって, 乳幼児を直接の観察対象とする精神力動的な発達研究が展開され, こうした発達研究が自我心理学に重要な臨床データを提供することになった。

　また, ハルトマン (Hartmann, H.) は, 自我の自律的で適応的な機能を重視し, 精神力動的な理論を, 一般的な心理学や医学等と連関した科学的な

理論体系へと発展させることを試みた。さらにエリクソン（Erikson, E. H.）は，自我の心理社会的な側面の発達に着目し，人間の一生涯にわたるライフサイクルの発達の問題を探究した。

B. 対象関係論

対象関係論は，フロイト晩年の理論の継承者であり，アンナ・フロイトと並んで児童分析の開拓者でもあったメラニー・クラインの理論の影響下に発展したものである。

クラインは，フロイトのタナトス（死の本能）の概念を受け継ぎ，誕生間もない乳児にも，エロスとともにタナトスが内在すると考えた。そして乳児のエロスは外界のよい対象（例えば母親のよい乳房）と結びつき，タナトスは悪い対象（例えば母親の悪い乳房）へと結合すると言う。しかも，まだ自他未分化な乳児にとって，対象は全体対象ではなく，さまざまな部分が現れては消えるような部分対象にすぎない。この段階（生後 4 〜 6 カ月頃まで）の乳児は，例えば母親のよい乳房と悪い乳房が，同じ母親という対象の中にあるものとは知覚できず，別個のものとしてとり入れられると言う（分裂 splitting）。つまり，口愛的な満足を与えてくれていたよい乳房は，乳の出が悪くなるといったささいな出来事によって容易に悪い乳房へと変貌する。しかも，そうした対象のグッド（good）からバッド（bad）への変貌は，乳児に激しい怒りと，同時にその怒りが対象へ投影され，逆に自分が攻撃されているのだという体験を乳児にもたらす（投影同一視 projective identification）。こうした部分対象との目まぐるしい体験の様相を，クラインは妄想的−シゾイド的態勢（paranoid-schizoid position）と呼んだ。

さらにクラインは，生後 4 〜 6 カ月以降の乳幼児は，次第に全体対象を知覚するようになるが，同時に深刻な葛藤に直面することになると言う。つまり，自分が最も愛し，必要としているものを，自分はすでに攻撃し，破壊してしまったのではないかという後悔（罪悪感）を体験するということである。こうした乳幼児の対象破壊の幻想と，それに伴う罪悪感の体験の様相を，クラインは抑鬱的態勢（depressive position）と呼んだ。そして最終的には，対象との融和的な出会いによる修復（例えば，母親が自分の攻撃に

よって破壊されていないことに気づくこと）によって，ようやく安定した全体対象との関係が内在化されると言う。

こうしたクラインの考え方を土台にして，その後の対象関係論が発展していった。フェアバーン（Fairbairn, W. R. D.）やガントリップ（Guntrip, H.）らは，過度に本能論的なクラインの考えに修正を加え，対象希求的な人間の傾向性を重視し，より対人関係論的な理論を発展させた。また，ウィニコット（Winnicott, D. W.）やバリント（Balint, M.）らは，解釈を中心としたフロイトやクラインの臨床理論に，より人間的相互作用の重要性を組み込んだ方法を提案している。

(4) その他の精神力動的な理論

フロイトの精神分析からは，以上のほかに，さまざまな分派や新たな方法が展開されてきた。その主なものをみてみよう。

A. ユングの分析心理学

分析心理学（▶「用語集」）は，スイスの精神科医・心理学者ユングが創始した精神力動的理論である。ユング心理学とも呼ばれる。言語連想実験等を通じて深層心理の探究を行ったユングは，フロイトの精神分析に共鳴し，共同研究者となる。しかしユングは，リビドーの概念を性的エネルギーに限定することに反対するなど，両者の理論には相容れない点がいくつも生じて，彼はフロイトと決別することになり（1913年前後），その後独自の分析心理学を提唱した。

ユングは個人のコンプレックスが多数存在することを発見し，コンプレックス相互の関係を研究する過程で，そのさらに深層に，自我のありようとは独立した性格をもつ，いわば普遍的なコンプレックスとも呼べるものを見出した。ユングは，このような普遍的コンプレックスに対応する象徴が，個人の夢や空想の中でイメージとして出現することを見出

カール・ユング
(Carl G. Jung)

し，個人の無意識に存在するこのようなイメージが民族や人類の神話や昔話などに共通して現れることを発見した。

ユングは，これらのイメージはフロイトの言う無意識の層よりもさらに深い位置に存在するものであり，個人の体験に基づいて構成されたのではなく，人類のきわめて長い時間の経験の蓄積によって構成されたものであると考え，これらを元型（アーキタイプ）と名づけた。元型が存在する無意識の層はきわめて深く，また民族等に共通するため，このような層をユングは集合的無意識（collective unconsciousness）と呼んだ。

そのほかにも，内向と外向という2軸に，思考・感情・直観・感覚の四つの心的機能を組み合わせたパーソナリティのタイプ論や，夢や無意識的な素材を豊かなイメージによって探究していく拡充法（能動的想像法）など，ユングは独自の理論と方法をさまざまに提案している（河合，2009）。

B. アドラーの個人心理学

アドラーは，最も早い時期から精神分析のグループに参加したが，1911年にはフロイトのもとを去り，その後独自の理論と方法を展開した。その立場は，**個人心理学**（▶「用語集」）あるいはアドラー心理学と呼ばれている（アドラー，邦訳1987）。

アドラーは初め，器官劣等性（organ inferiority）の概念により，身体的な障害が人格発達に及ぼす影響を考察していたが，その後，より一般的な心理的問題としての劣等感（inferiority feelings）の概念を提唱した。劣等性とは，客観的に見て他者より劣った状態のことだが，劣等感とは主観的に自分が劣等であると感じていることを意味する。その劣等感を他者にことさらに誇示することをアドラーは劣等コンプレックス（inferiority complex）と呼んだ。

アドラーはフロイトとの決別後，ニーチェ（Nietzsche, F. W.）の思想の影響のもとに，力への意志（will to power）の概念を打ち出した。これは劣等感の補償として生じるもので，人生の最も根本的な動因であるとアドラーは考えた。彼はまた，あらゆる人間行動には目的があるとする目的論（teleology）の立場を主張し，人間の主体性や自由意志を重視した。

アドラーの個人心理学の方法としては，目的論的な人間理解や，ライフスタイル（各人に特有の人生の運動法則）の分析などを特徴とし，集団療法や心理教育などが積極的に活用される。

C. 新フロイト派

新フロイト派は，1930年代半ばにホーナイがニューヨークでサリヴァン（Sullivan, H. S.）らと定期的な研究会を開いたことに始まり，後にフロムらがこのグループに加わった。このグループは，フロイトの本能論的な理論に修正を加えようとし，フロイト左派などとも呼ばれた。

ホーナイはフロイトの男性中心的な概念を批判し，社会や家庭のあり方に着目した独自の理論と方法を発展させた。サリヴァンは，人間の心的事象を対人関係の視点からとらえる独創的な理論と実践を展開した。またフロムは，集団や文化がもつ共同体的心理や社会的イデオロギーの問題を追究した。

関連トピック8.1：精神力動的な諸理論

以上にあげたもののほかに，精神力動的な理論には次のようなものがある（末武，2002）。

1. **フロイトのアンファンテリブル**：フロイトのアンファンテリブル（恐るべき子どもたち）とは，フロイトが最も信頼を寄せ，精神分析を直伝したにもかかわらず，最終的に彼のもとを離れていったフェレンツィ（Ferenczi, S.），ランク（Rank, O.），ライヒ（Reich, W.）のことを指す。

フェレンツィはユングの離脱後，フロイトから後継者の地位を引き継ぐことを期待されたが，ランクとともに精神分析の弾力化と能動的な方法を探究し，また，エディプス期以前（前エディプス期）の母子関係の問題を重視するようになり，尊重と共感を重視したリラクセーションセラピー（relaxation therapy）や，逆転移分析（countertransference analysis）などの方法，さらには分析家と被分析者が互いに分析し合う相互分析（mutual analysis）といった方法を試みた。

またランクは，フェレンツィとの共同研究の後，出生時の母子分離が人間の不安の根源的体験であるとする出生トラウマ（birth trauma）の理論を発

表した。フロイトに破門されて米国に渡った彼は，意志療法（will therapy）を提唱し，それは関係療法（relationship therapy）として発展し，米国のカウンセリング／心理療法のみならずソーシャルワークにも大きな影響を与えた（ランクがロジャーズに与えた影響については，第4章の**関連トピック4.3**参照）。

さらにライヒはリビドーを抑圧している性格の構造（彼はそれを性格の鎧と呼んだ）に着目した性格分析（character analysis）や，態度（振る舞い）の分析の方法を開発した。また，社会主義への傾倒の時期を経て，米国に渡ったライヒは，性器期的人格を理想とした理論を唱え，オルゴン療法（orgone therapy：オルゴンボックスという密室の中で行われる一種の暗示的療法）を考案した。その流れは，その後，生体エネルギー療法（bioenergetics）として引き継がれている。

2．コフートの自己心理学：コフート（Kohut, H.）は，人間の自己愛（narcissism）を探究する中で，自己愛性パーソナリティ障害としてとらえられる現象の明確化に貢献したが，彼は自己愛の病理的な側面だけでなく，その健康で適応的な発達や変容にも関心を向けた。その理論は自己心理学（self psychology）と呼ばれている。

コフートは，人間の原初的な自己は，原始的で誇大的な自己（像）と，やはり原始的で全能的な自己対象（像）（例えば，理想化された親イメージ）の双極から成り立っていると言う。適切な養育環境のもとでは，前者は個人の中核的な野心（自尊心など）へ，後者は中核的な理想（他者や価値観などへの尊敬と専心）へと変容し発達していくが，こうした発達の過程が非共感的あるいは外傷的に妨げられると，より退行的で原初的な段階への固着が生じる。

そこで重要なのは，こうした原初的な自己（像）および自己対象（像）の成熟と，その調和的な両立の達成であり，そのために必要なのは，新たな自己対象として存在する支援者の共感的で応答的な態度であるとコフートは言う。

3．ラカン派精神分析：ラカン（Lacan, J.）は，精神分析と構造主義哲学を結びつけたフランスの思想家として名高いが，フロイトの精神分析を脱構築的に修正した臨床家でもある。

ラカンは，無秩序な世界に放り出され身体像が寸断されている乳児が，生後6カ月頃に始まる鏡像段階において，他者の像（鏡に映った虚像）を通してのみ自己を統括する像（自我）をもつようになると考え，したがって人間

ははじめから真の主体が疎外された存在として生きざるをえないとの人間観を示した。そしてラカンは，そうした人間の原初的な心的世界を想像界（投影と同一化による幻想的世界）と呼び，それが言語を獲得するに従って象徴界（言語によって分節化されるシンボルの世界）へと移行することに着目し，しかしそのいずれにあっても個人は疎外を避けられないことを強調した。なぜなら想像界においては，自己の幻想的肥大とそれと表裏一体の幻滅が共存しており，また象徴界においては主体も他のすべてのものもそれ自体では決してありえず，すべては欲望する他者の言語としてしかとらえることができないからである。そしてラカンは，象徴界がシンボル化しようとする範囲の極限に存在する世界を現実界（人間が求めてやまないが直接には体験できないカオスの世界）と呼び，この三つの世界の交差についての独自の思索を展開した。

　また実践的な面では，短時間セッションの導入や，語らい（パロール）の変容の重視など，ユニークな観点や方法を展開し，ラカン派精神分析として発展してきた。

2．精神力動的セラピーの主要な方法

(1) 精神分析から発展した精神力動的セラピーの方法

　精神分析から発展した精神力動的セラピーの方法の要点をみてみる（佐藤，2017）。

A．基本的原則

　1．**自由連想の原則**：「心に浮かんでくることを取捨選択せずにそのまま話す」という原則である。自由連想（free association）によって出てきた無意識の願望や空想，連想を素材にして，その人の無意識の内容を理解していく。セラピストはクライアントの話の価値判断をしないで，クライアントの心的リアリティ（クライアント自身の心の中の真実。クライアント自身がどう感じているか）として連想を聞いていく。

2．禁欲規則：面接場面において現れる願望や欲求は，そのまま面接外の社会の中で行動化してはならないという原則である。クライアントが面接内で高まった願望や感情があっても，それを実際の行為によって解放せず，できる限り言語化および意識化することが求められる。また，面接内でセラピストがクライアントの欲求を充足することも禁じられる。

B．基本的方法
　1．治療同盟（▶「用語集」）：上記の自由連想の原則と禁欲規則という基本的原則が伝達され，契約される。こうした治療（支援）関係の構造のことを治療同盟と呼ぶ。しっかりとした治療同盟を基礎として，精神力動的セラピーが進められていく。なお，治療同盟という考え方は，現在では精神力動的な立場以外の心理学的支援法でも共有されており，作業同盟と呼ばれたりする。
　2．自由連想と治療的退行：クライアントに自由連想してもらう。セラピストは平等に漂う注意（evenly suspended attention）によって，それをそのまま聞いていく。すると，次第にクライアントは，自らの現在と過去の体験を想起することが多くなる。セラピストへの信頼感をもっている状態で話し続けると，本人の中にある内的なものが出やすい状態になる（治療的退行）。クライアントはさまざまな願望・感情をセラピストに向けてくるようになる。しかしそうした願望を抱いても，禁欲規則があるため，面接内で話は聞いてもらって受け入れてはもらえるが，欲求は満たされない。面接外でも，面接内で高まった欲求を解放することは禁じられる。
　3．転移（▶「用語集」）**の出現**：その願望の内容は，親子関係と性的な欲動に帰着し，想起のみならず転移というかたちで現れ，同様の現象はセラピストにも逆転移というかたちで出現する。セラピストにさまざまな感情や欲求を向けてくるというのは，例えばクライアントがセラピストを優しい親のように感じて，「自分の望んだことはかなえてくれるに違いない」という願望を抱いたり，もしくは恐い親のように見えてきて，「怒られるのではないか」といった感情が生じやすくなるということである。
　4．転移の分析：セラピストはこうした転移について，クライアントとの間で，「私とあなたとの間でどんなことが起こっているのでしょう」などと

いうかたちで取り上げて理解することになる。すなわち，転移はクライアントとセラピストとの間で，主にセラピストによってその意味連関が解釈される。

5．抵抗（▶「用語集」）**の出現**：こうした面接を続けていると，クライアントは治療契約があるにもかかわらず，その目的に反するような矛盾した行動をとることがある。つまり，クライアントが自分の内面を理解して変容していくという作業の妨げになる行動をすることがある。これが抵抗である。例えば，感情に触れるような話をなかなかせずに表面的・現実的な話に終始したり，遅刻やキャンセルをしたり沈黙が多くなったりすることなどに現れる。

6．解　　釈：抵抗や気づいていなかった無意識について，それらに気づかせるための介入を行う。それが解釈（interpretation）と呼ばれるものである。例えば，「急に話が変わりましたね」「ずっと黙っていますね」などと伝えられ，そうしたことへの気づき（洞察）がうながされる。

7．徹底操作（▶「用語集」）：こうした過程（転移や抵抗の出現とそれらの解釈）を繰り返していくことで，セラピーが展開し進められていく。徹底操作は，徹底作業，反芻処理などとも訳される。

（2）その他の精神力動的セラピーの主要な方法

以上のような基本的方法は，精神分析から発展してきた精神力動的セラピーの原則的な考え方と手法であり，すべてのクライアントにこうした基本的方法が用いられるわけではない。その他の精神力動的セラピーのさまざまな方法のうち，主要なものをあげる。

A．精神力動的セラピーの修正的な方法

1．支持的な方法：精神分析やそこから発展してきた精神力動的セラピーの方法の特徴は，人格の変容を目指す解釈的で洞察指向的なものであると言うことができる。しかし，そうした方法の適用が難しい，あるいはそれに向かないクライアントも少なくない。そこで，精神力動的セラピーがもつ，いずれかと言えば不安喚起的で解釈的な特徴を修正した，より支持的で教育的な方法も開発されてきた。例えば，自我心理学の立場から発展した自我支持

的介入（Goldstein, 1984）などがある。

2．能動的な方法：また，精神分析や精神力動的セラピーがもともともっているセラピストの中立的で感情を表さない，いわゆる受身的な特徴に対して，より能動的で積極的な方法を導入しようとする立場もある。アレキサンダー（Alexander, F.）による修正情動体験，フェレンツィ（Ferenczi, S.）のリラクセーションセラピーや逆転移分析，ランクの意志療法，コフートの共感的方法などがその代表的なものである。

B．家族やグループへの適用

また，精神力動的な理論と方法は，個人セラピーのみならず，家族療法やカップルセラピー，グループセラピー，親ガイダンス，心理教育などに広範に取り入れられ実践されている。さらに，メンタライゼーションなどの新たな理論や方法が開発されている。

実践への示唆 8.1：精神力動的な方法をどのように活用するか

この章でみた精神力動的な方法を，前章までのパーソンセンタードセラピーやヒューマニスティックセラピーの方法とどのように組み合わせることができるだろうか。

1．カウンセリング／心理療法の開始時のアセスメントや契約において：精神力動的セラピーには，パーソンセンタードセラピーなどにはない独自のアセスメントや契約の考え方や方法があり，それはカウンセリング／心理療法全般の方法にとり入れられてきている。

まず，精神力動的な観点からのアセスメントとしては，第3章でみた病態水準のとらえ方がある。一般に，神経症水準（神経症圏）に比べて，境界例水準（境界例圏）や精神病水準（精神病圏）のクライアントには，カウンセリング／心理療法の適用が難しい場合があり，慎重な適用や，医療機関との連携による実施などが考慮されなくてはならない。精神力動的な立場では，自我の機能や防衛機制の水準などから，病態水準のアセスメントを入念に行うことが重視されている。病態水準が重いクライアントへの心理支援を行う場合，こうした精神力動的なアセスメントに習熟していることが求められる。

次に，契約についてみると，精神力動的セラピーでは治療同盟という考え方を重視し，そこには自由連想と禁欲規則という基本的原則がある。こうした考え方は，現在では精神力動的セラピー以外でも，作業同盟という用語で広く受け入れられている。それは，カウンセリング／心理療法において，自由で深い自己探究が行えるということと，安全を保つために危険な行動化（アクティングアウト）を行わない，ということについての同意と契約である。カウンセリング／心理療法の場面構成の中で，こうした作業同盟がしっかりと築かれることが重要であると言える。

　2．カウンセリング／心理療法の過程や進展において：カウンセリング／心理療法の過程や進展においては，精神力動的セラピーの知見や方法をどのように活かすことが可能だろうか。平等に漂う注意によってクライアントの自由連想を促進することは，パーソンセンタードセラピーにおける傾聴と基本的な違いはない。違いがあると言えるのは，精神力動的セラピーでは転移や抵抗といったクライアントの（いずれかと言えば）ネガティブで難しい動きや反応への対応を重視する点である。支援関係の中で，心理支援者とクライアントの間にすれ違いが生じたり，十分な相互作用が生起しないようなときには，クライアントの中に（場合によっては心理支援者の中にも）関係や洞察を深めていくことへの抵抗や，過去の体験に基づく転移が生じている可能性がある。こうした要因を適切に理解し，それらを乗り越えていくためには，精神力動的な理論と方法に学ぶ点は多いと言える。

発展課題

　本章では，精神力動的セラピーはもともと解釈的で洞察指向的なものだが，その適用が難しいクライアントには，より支持的な方法が用いられていることに触れた。それでは，どのようなクライアントにどのような支持的方法が活用されているのだろうか。関連する文献（中西・葛西・松山，1997；三川，2011ほか）を調べて，その具体的な方法の特徴を考察してみよう。

第 8 章　心理学的支援法の主要理論（その 3）　*111*

———————— ● **理解度確認テスト**（第 8 章）● ————————

問 1．次の文中の空欄に入る適切な語句を，a ～ f の中から選びなさい。

(1) 精神分析や精神力動的な理論の特徴としては，無意識的な〔　1　〕性の重視，親子関係や〔　2　〕史の重視，問題や苦悩の意味やその洞察の重視，対人的関係の重視，などをあげることができる。

(2) フロイトの精神分析を受け継ぎ，それを発展させた主要な精神力動的な理論には，〔　3　〕心理学と〔　4　〕関係論がある。

(3) ユングは，フロイトの言う無意識の層よりもさらに深い位置に存在する無意識の層を〔　5　〕的無意識と呼んだ。

　　 a．対象　　b．集合　　c．力動　　d．自我　　e．民族　　f．生育

問 2．次の文章 6 ～ 10 のうち正しいものには○，誤っているものには×を記入しなさい。

6．構造論とは，人間の心が，意識・前意識・無意識の三つの心的過程，あるいはその心的過程が生じる領域から構成されているとする理論である。〔　　　〕

7．アドラーの個人心理学の方法は，目的論的な人間理解や，ライフスタイル（各人に特有の人生の運動法則）の分析などを特徴とし，集団療法や心理教育などが積極的に活用される。〔　　　〕

8．フロイトの精神分析を受け継ぎ，それを発展させた主要な精神力動的な理論には，自我心理学と対象関係論がある。〔　　　〕

9．自由連想の原則と禁欲規則という基本的原則に基づく精神力動的な治療（支援）関係の構造のことを分析同盟と呼ぶ。〔　　　〕

10．転移とは，過去に重要な他者（両親など）との間で生じた欲求，感情，葛藤，対人関係パターンなどを，治療（支援）者に対して向ける非現実的態度のことである。〔　　　〕

第9章
心理学的支援法の主要理論（その４）
認知行動療法

> **学習のポイント**
> - 認知行動療法とはどのようなものであり，どのように発展してきたのか。
> - 認知行動療法の主要な理論について。
> - 認知行動療法の代表的な方法はどのようなものか。

1．認知行動療法とは

（1）認知行動療法とは

　認知行動療法（▶「用語集」）とは，学習理論を応用して観察可能な行動を変容・修正する行動療法に，人間の認知（思考，記憶，情報処理など）に関する知見を重視するアプローチ（論理療法や認知療法など）が合流して形成されてきたカウンセリング／心理療法の総称である。近年では，受容（アクセプタンス）やマインドフルネスなどを重視する第３世代認知行動療法の発展も注目されている。

（2）認知行動療法の歴史的発展

　認知行動療法の歴史的発展は，行動療法の第１世代，論理療法や認知療法などの認知的アプローチの第２世代，マインドフルネス認知療法やアクセプタンス＆コミットメントセラピー等の第３世代に分けてとらえることができる（金築，2017）。

A. 第1世代──行動療法

認知行動療法のルーツは，1950年代から台頭してきた行動療法に遡ることができる。行動療法とは，実験的に明らかにされた行動や学習の原理に基づいて，適応的な行動を学習させたり，不適応的な行動を修正したりする方法の総称である。行動療法が活用する原理は，主にパブロフ（Pavlov, I. P.）が発見した条件反射（レスポンデント条件づけ）と，スキナーが定式化したオペラント条件づけである。こうした原理を人間の不適応行動や心理的問題に適用する方法がウォルピらによって開発され，アイゼンクによって行動療法と名づけられた。

B. 第2世代──認知的アプローチ

1960年代後半からは，バンデューラが社会的学習理論を提唱したことなどが契機となって，認知的アプローチが発展してきた。1970年代からは，エリスの論理療法（後の論理情動行動療法：REBT）やベックの認知療法などが注目されるようになった。これらの認知的アプローチの特徴は，心の問題は，刺激となる出来事そのものではなく，その出来事のとらえ方や対処の仕方，つまり認知によって生じるという考え方にある。認知的アプローチは，不適応的な感情や行動を，認知を変容することによって改善しようとする。1970年代の後半からは，行動療法とこれらの認知的アプローチを包含する総称として，マイケンバウムらによって認知行動療法（CBT）という用語が

ジョセフ・ウォルピ
（Joseph Wolpe）

アーロン・ベック
（Aaron T. Beck）

使われるようになった。また，リバーマンらによって，ソーシャルスキルトレーニング（SST）の方法が発展し，広く活用されるようになっていった。

C．第3世代──第3世代認知行動療法

　1990年前後からは，弁証法的行動療法，マインドフルネス認知療法，アクセプタンス＆コミットメントセラピー（ACT）といった新たなカウンセリング／心理療法が提唱され，これらが第3世代認知行動療法と称されるようになり，2000年頃から飛躍的に広まってきている。従来の認知行動療法が不適応的な行動や認知の直接的な変容を目指すのに対して，第3世代認知行動療法は，不適応的な認知や情動を直接に変容したり制御したりするのではなく，それらを受容し，自然に付き合っていくための態度に焦点を当てる。

2．認知行動療法の主要な理論

　認知行動療法はさまざまな理論から成り立っているが，ここではその主要な理論としての，行動療法，認知的アプローチ，第3世代認知行動療法のそれぞれの理論についてみていく（金築，2017）。

（1）行動療法の理論

　行動療法の理論では，人間の反応を刺激－反応－結果のつながりでとらえる。**レスポンデント条件づけ**（▶「用語集」）は刺激－反応のつながり，**オペラント条件づけ**（▶「用語集」）は反応－結果のつながりに関する原理であると言える。また一般に，レスポンデント条件づけは意図的な制御が難しい反射的行動や自律神経系に，オペラント条件づけは意思によって制御可能な自発的行動や体性神経系に影響を与えやすいと考えられている。

A．レスポンデント条件づけ

　レスポンデント条件づけは，古典的条件づけ（classical conditioning）とも呼ばれるが，古典的と言われるのは，オペラント条件づけよりも古くから知られていたということからである。レスポンデントとは「反応性の」と

いう意味であり，何らかの刺激によって引き起こされる条件づけのことを指す。

この現象は生理学者パブロフによって発見されたもので，犬の条件反射の実験が広く知られている。その実験は次のようなものである。餌を犬の口の中に入れると，唾液分泌が生じる。このときの餌を無条件刺激と言い，唾液分泌を無条件反射という。ここで，ベルの音をやや先行させて，ベルの音と餌を対呈示することを繰り返すと，ベルの音の呈示のみで犬の唾液分泌が生じるようになる。これは生得的な反射というよりも，後天的に条件づけられた学習の結果である。このときのベルの音を条件刺激と言い，ベルの音によって生じた唾液分泌が条件反射と呼ばれた。

その後，心理学者たちによってこうした条件づけが人間にも生起することが確かめられ，レスポンデント条件づけと呼ばれるようになった（心理学では，反射は反応と言い換えられる）。

B. オペラント条件づけ

オペラント条件づけは，スキナーによって定式化されたもので，自発的な行動の頻度が，その行動に伴う結果（報酬や無報酬，罰など）によって増減するプロセスのことである。オペラントとは「自発性の」という意味であり，意図的に制御可能な行動がどのように習慣化されるのかを明らかにしようとするのがオペラント条件づけの理論である。

オペラント条件づけの理論では，ある行動（反応）の生起頻度は，その反応の直後の結果によるところが大きいと考える。つまり，ある行動に良い結果（ほめる，報酬を与える，など）が随伴すれば，その後は同じ行動が生起することが増え，逆に悪い結果（無視する，罰を与える，など）が随伴すれば，その後は同じ行動が生起することは減ると考えられる。オペラント条件づけでは，結果によって行動の頻度が増加することを強化と言い，減少することを弱化と言う。また，何か行動をした直後に出現する，強化になる出来事や条件を好子と言い，弱化になる出来事や条件を嫌子と言う。

スキナーは，複雑でランダムな強化が行動の形成と維持に影響を与えることを発見し，そうした手続きを強化スケジュールと呼んだ（スキナー，邦訳

2003)。

(2) 認知的アプローチの理論

認知的アプローチの理論に共通する点は，刺激と反応の間には，認知（思考，記憶，情報処理など）が存在するという考えである。ここでは，認知的アプローチの主な理論として，社会的学習理論，エリスの論理療法（論理情動行動療法：REBT）およびベックの認知理論を取り上げる。

A. 社会的学習理論

社会的学習理論は，バンデューラ（Bandura, 1971 邦訳 1975）によって提唱されたものであり，人間がある行動を獲得する中で認知が重要な役割を果たしていることが示されている。社会的学習理論では，モデル（他者）と同一の行動を実行せずに，強化を受けなくても，学習者がモデルの行動を観察するのみで学習が成立するという観察学習の考え方をとる。そして，モデルの行動やその結果の観察により，学習者の行動に変化が生じるプロセスを**モデリング**（▶「用語集」）と呼ぶ。モデリングが生じるには強化は必ずしも必要でないことや，学習者への直接強化よりもモデルへの代理強化が重要であることがわかっている。こうした考え方は，**ソーシャルスキルトレーニング**（SST）（▶「用語集」）の中にも取り入れられている。

関連トピック 9.1：社会的文脈からみた認知行動療法

認知行動療法は臨床的な心理学的支援法として活用されてきただけでなく，米国を中心にさまざまな社会的文脈の中で援用され，インパクトを与えてきた。

例えば，1960 年代のヘッドスタート計画——就学年齢時のすべての子どもたちの英語リテラシーを一定水準に高めようとする国家プロジェクト——の中では心理学の理論や方法が活用され，特に『セサミストリート』などの教育番組ではモデリングの考え方が活かされている（ブロンフェンブレンナー，邦訳 1971）。

第9章　心理学的支援法の主要理論（その4）　117

　また，公民権運動やフェミニズムなどの社会的活動の中では，非攻撃的で非暴力的な自己主張を活用するソーシャルスキルトレーニング（SST）──特に主張性訓練──が，重要なひとつの手法として用いられたりした。

B. 論理療法（論理情動行動療法：REBT）

　論理療法（▶「用語集」）は，エリスによって提唱されたカウンセリング／心理療法であり，心理的問題や苦悩は，出来事そのものではなく，それをどのように受けとめたのかという認知を媒介として生じると考える。そして，認知の中でも特に思考や信念が，心身の反応に影響を及ぼすことを重視している。当初は論理療法と呼ばれていたが，その後，論理情動行動療法（REBT）に名称が修正されている（Ellis, 1994 邦訳 1999）。

　論理療法（REBT）の理論としては，ABC 理論と呼ばれる考え方や，その鍵概念としての非合理的信念（イラショナルビリーフ）がある。

　ABC 理論とは，A：Activating event（出来事）→ B：Belief（信念）→ C：Consequence（結果）というつながりから，出来事とその結果をとらえるものである。つまり，まず出来事（A）があり，次に結果（C）があるのではなく，必ずその間にビリーフ（B）があるという見方をする。不合理な信念をイラショナルビリーフ，合理的な信念をラショナルビリーフと呼ぶ。

　イラショナルビリーフとは，事実に基づかない，非論理的で，自責的あるいは他罰的な内容からなる信念のことであり，「～べき・～はず・～ねば（shoulds, oughts and musts）」といった評価的な傾向を強くもつ思考である。論理療法（REBT）では，イラショナルビリーフを特定し，それを論駁することによってラショナルビリーフへ修正することを目標とする。

C. 認知療法

　エリスの言う認知をより精緻化した理論が，ベックの認知理論である（Beck, 1976 邦訳 1990）。この理論では，認知の三つのレベルが想定されて

いる。つまり，より表層に表れる「自動思考」，より深層にある「スキーマ」，
およびスキーマから自動思考を生起させる「推論の誤り」である。ベック
は，鬱のクライアントの臨床観察を通して，ネガティブな認知が鬱気分を生
じさせていることを見出し，認知理論を提唱した。例えば，上司に叱られた
という出来事がきっかけになって，「自分は無力だ」というスキーマが活性
化され，その出来事を過度に一般化する推論の誤りにより，「会社をクビに
なるに違いない」といった自動思考が生じ，抑鬱的になる，と認知療法では
とらえる。

（3）第3世代認知行動療法の理論

　第3世代認知行動療法（▶「用語集」）とは，弁証法的行動療法，マインドフル
ネス認知療法，アクセプタンス＆コミットメントセラピーの総称であるが，
これらには認知の機能に注目し，マインドフルネスや受容（アクセプタン
ス）を重視するという共通点がある（カバット‐ジン，邦訳 2007 ほか）。
　弁証法的行動療法（DBT）は，米国の心理学者リネハンが開発した認知行
動療法の一形態であり，境界性パーソナリティ障害に特化した支援法であ
る。行動や認知を変化させることに重きを置いた従来の認知行動療法に比べ
て，弁証法的行動療法では「変化させること」と「変化させずに受容するこ
と」のバランスが重要であるとする。受容に重きを置き，セラピストとクラ
イアントの関係の重要性を強調する。リネハンは治療者との関係性の深さが
セラピーの進展にとって不可欠であり，自殺や自傷行為を抑止すると言う。
　マインドフルネス認知療法（MBCT）は，瞑想を取り入れ，自動生起する
思考にとらわれることなく，あるがままの状態に集中するという方法であ
る。カバット‐ジンによるマインドフルネスストレス低減法をもととして，
その後マインドフルネス認知療法（MBCT）へと発展した。マインドフルネ
スとは，いわゆる「念」あるいは「正念」のことであり，今ここで生起して
いることに特別な注意を向けることを意味している。
　アクセプタンス＆コミットメントセラピー（ACT）はヘイズらによって
定式化されたもので，受容（アクセプタンス）とマインドフルネスの方略に
コミットメントと行動変容の方略を併せて用いることで，心理的柔軟性の向

上を目指す方法である。

3．認知行動療法の主要な方法

　認知行動療法の方法には数多くのものがあり，現在もさまざまな方法が開発されているが，以下にその主要なものを示す（内山・坂野，2008 ほか参照）。

（1）レスポンデント条件づけに基づく方法

A．逆 制 止

　レスポンデント条件づけに基づく方法としては，**逆制止**（▶「用語集」）の原理によるものが代表的である。逆制止とは，ある状況下で習慣化している不安反応を消去あるいは軽減するために，不安とは同時に生起しない拮抗反応を同じ状況下で生起させて不安を制止することである。不安の拮抗反応として用いられるのは，弛緩（リラクセーション）反応や主張反応などであり，リラクセーショントレーニングや主張性訓練などを活用しながら，不安反応を制止する（ウォルピ，邦訳 1977）。

B．系統的脱感作法

　系統的脱感作法（▶「用語集」）は，逆制止の原理をよりシステマティックに活用する方法である。不安の対象となる状況や物，人に対して，それらを不安の強度によって階層化し，不安階層表を作成する。また，脱感作と呼ばれるリラクセーション（主に筋弛緩などを用いる）を学ぶ。そして十分にリラックスした状態を維持しつつ，不安の程度が低い対象からイメージを用いて触れさせ，不安をリラクセーションによって逆制止する。イメージではなく，現実の不安対象に曝露させつつ脱感作を行う現実脱感作法と呼ばれる方法もある。

(2) オペラント条件づけに基づく方法

A. 強化法

オペラント条件づけの原理を用いる代表的な方法が**強化法**（▶「用語集」）であり，望ましい行動が生起したときにそれを強化する（ほめる，報酬を与えるなど）ことで，その行動を形成させるものである。強化の手続きとしては，最初は連続強化（行動が生起するたびに強化すること）を行い，次第に間欠強化（強化をランダムなものにすること）に切り替えることで，消去されにくい行動が形成されると考えられている。また，強化刺激に工夫が加えられることもあり，トークンエコノミー法では，シールなどの代理報酬（トークン）が活用される。

B. シェーピング法

通常の状況では生起しにくい行動（オペラントレベルが低いと言われるもの）を形成するための方法としてシェーピング法があり，これは目標行動を構成している複数の下位行動の一つひとつをスモールステップによって形成し，目標行動に段階的に接近する技法である。

(3) 応用的な諸方法

A. セルフモニタリング

セルフモニタリング（▶「用語集」）とは，自分の行動や思考や感情を自分で観察し記録する行為であり，認知行動療法において基本的な方法として活用されている。観察する事柄としては，問題となる状況，症状や苦悩の状態，気分，思考，行動の頻度などである。例えば，過食の問題の場合は，そうした行動が生起した回数や食べた量だけでなく，どのようなときにそうした行動をとってしまうのか等をあわせてモニタリングしてもらう。そこで得られた情報によって，認知行動療法による支援がスムースに進みやすくなることが知られている。さらに，クライアントが日々観察と記録を続けていくことで，自分の状態や行動・思考の傾向を客観的に把握することにつながり，セルフモニタリングそのものが治療的な効果をもたらすとも考えられている。

B. 曝露法（エクスポージャー）

曝露法（エクスポージャー）（▶「用語集」）とは，不安反応を誘発する刺激に一定時間曝す方法である。曝露法は，PTSD を含むさまざまな不安症に対する有効性が確認されている。例えば，本人が触れることを極端に恐れている対象に，安全なかたちで一定の時間触れてもらい，その時間を次第に増やしていく，といった手続きを用いる。

曝露法の手続きには次のようなバリエーションがある。例えば，不安反応を誘発する刺激に短時間・段階的に曝すのか，持続的・集中的に曝すのか。また，不安反応を誘発する刺激を現実場面で提示するのか，イメージで想起してもらうのか，等である。

C. 認知再構成法

認知再構成法（▶「用語集」）とは，ベックによる認知療法の代表的な方法である。それは，パターン化した自動思考を取り上げ，それ以外の考えやイメージをもつことができるように，自動思考の検討を行う方法である。認知再構成法では，まずクライアントが自らの自動思考をとらえる必要がある。そのために，最近落ち込んだり，不安になったり，怒りを感じた場面を振り返り，その場面においてどのような自動思考が浮かんだのかを，思考記録表を用いてセルフモニタリングする。自らの自動思考を十分にとらえられるようになれば，その自動思考に対して，「根拠は不十分なのに，その考えはある方向に偏りすぎていないか」「他の考えはできないだろうか」といった問いかけを通して，他の考え方を探し，自動思考をよりポジティブな思考へと置き換えて出来事を柔軟にとらえられるようにしていく。

D. 行動活性化法

行動活性化法（▶「用語集」）は，抑鬱状態における活動レベルの低下などの問題に対して，より肯定的な体験が得られるように，自分にとっての価値に沿った行動を増やすことを目指す方法である。行動活性化法では，まず活動記録表（1日のどの時間帯に，どのような活動をしたかを記録する表）を用いて，セルフモニタリングを行い，自らの行動が苦痛からの回避なのか，自

分にとっての価値に沿った行動なのかを振り返り，それらの行動がその後の気分にどのような影響を与えているのかをチェックする。そして，その結果を踏まえて，回避している場面において，回避行動を選択せずに，自らが本来望んでいる結果につながるような価値に沿った行動を選択できるようになることを目指す。

E．問題解決セラピー

問題解決セラピー（▶「用語集」）は，ストレス体験となっている日常生活の問題の解決方法を学ぶやり方であり，問題解決に至るプロセスを以下の五つの段階に分けて，順に取り組んでいく。①問題状況を具体的に把握する段階，②問題解決のための考え方を検討する段階，③さまざまな問題解決の方法を案出する段階，④実現可能な問題解決の方法を計画する段階，⑤問題解決方法の計画を実行し，効果を検証する段階，である。このように，ストレス状況が生じたときにこうした段階を繰り返すことで，問題解決に向けた一連のスキルを高めることを目的とした方法である。

F．その他の方法

その他，認知行動療法の方法には次のものがある。

1．再発予防（relapse prevention）：種々の認知行動的な方法と併用されるセラピープログラムで，問題となる行動や思考，感情のパターンが再発することをクライアントが防ぐのを援助する方法。

2．メタ認知療法（meta-cognitive therapy）：メタ認知療法は，自分の思考や認知をモニター・制御するメタ認知に焦点をあて，その修正を目的とする方法である。知識や信念が長期記憶として保存されているメタ認知のシステムに働きかけ，全般不安症や強迫症といった慢性的な心理的苦悩の改善を目指す。

3．スキーマ療法（schema therapy）：主にパーソナリティ障害を対象とした方法で，認知再構成法のような標準的な認知行動療法の適用が難しいクライアントに対して，愛着理論やゲシュタルトセラピー，対人関係論などを統合的に活用する。

4．そ の 他：曝露・反応妨害法（exposure and response prevention），内受容性曝露法（interoceptive exposure），コーピングストラテジー増強法（coping strategy enhancement）など，さまざまな方法が開発されてきている。

5．方法の拡大：認知行動療法は，一対一の個人的支援だけでなく，集団認知行動療法や集団への心理教育などのかたちでも活用されている。また，インターネットやEメールなどの通信手段を介した方法も積極的に開発されている。

関連トピック9.2：第3世代認知行動療法の方法

弁証法的行動療法，マインドフルネス認知療法やアクセプタンス＆コミットメントセラピーといった第3世代認知行動療法には，マインドフルネスやアクセプタンス（受容）を重視するという共通点がある。マインドフルネスとは「刻々と展開する体験に対して，意図して判断をせず，今この瞬間において注意を向けること」であり，アクセプタンスとは「自らの嫌悪的な体験に気づきながら，それを変えるための行動をしないこと」である。第3世代認知行動療法の方法は，行動や思考の直接的な変容を目指す第1世代や第2世代の方法と比較して，より間接的で体験的であるのが特徴である。例えば，呼吸を直接コントロールするのではなく，ただ呼吸に注意を向ける瞑想法が用いられたり，自動思考をイメージの中で川を流れる葉っぱのうえに乗せて眺めてみるといったワークなどが用いられる（金築，2017）。

エクササイズ9.1：自分の習癖や思考傾向の修正にはどの方法が適切か

まず数分間の時間をとって，自分が抱える問題ある習癖や思考傾向をひとつ選び出してみよう。そして，この章で取り上げた認知行動療法の諸方法——逆制止，強化法，セルフモニタリング，曝露法，認知再構成法など——のどれが，その習癖や思考傾向の修正に役立ちそうか，5〜10分ほどの時間で，ひとりで考えるか，近くの人と話し合ってみよう（話し合った場合は，お互いのプライ

124

バシーに留意すること）。

実践への示唆9.1：認知行動療法の諸方法をどのように活用するか

　この章でみた認知行動療法では，さまざまな心理的問題や心理的苦悩に対して，エビデンスベーストの考え方を中心にしながら各種の方法が開発されてきている。また，多くの心理支援者によって同様の手続きが実施されるように，認知行動療法の方法はマニュアル化あるいはパッケージ化されたものが少なくない。それでは，こうした特徴をもつ認知行動療法の諸方法を，前章までのパーソンセンタードセラピーやヒューマニスティックセラピー，精神力動的セラピーの方法（これらではマニュアルやパッケージを用いることはあまりない）とどのように統合させ，併用することができるだろうか。

　次のように考えることができるだろう。心理支援に携わるカウンセラー／セラピストが用いる行動の様式は単純なものではなく，複数の複雑なモードによって心理支援は遂行されているはずである。そしてそうしたモードには，少なくとも次のようなものがあると言える（末武，2017b）。

　1．**Knowing mode**（ノウィング・モード）：クライアントの問題／状態／環境／ニーズ等を知ろうとするあり方。これは典型的には，インテークやアセスメントの際に主に用いられるものであり，心理支援者の客観的で知的な力が発揮されるモードである。

　2．**Presence mode**（プレゼンス・モード）：クライアントの存在そのものを尊重し，それに寄り添うあり方。特に何かを意図的に援助しようとすることに先立つ，「すでに常にともにある」というあり方である。

　3．**Listening mode**（リスニング・モード）：クライアントが表現していることを共感的に傾聴するあり方。クライアントの表現に耳を傾け，その表現がもつ意味を丁寧に正確に受けとめ，理解していこうとするモードである。

　4．**Interacting mode**（インタラクティング・モード）：対話や相互作用を通して体験過程を推進していこうとするあり方。これは，明確化や解釈といった，積極的・能動的にカウンセラー／セラピストによってもたらされる介入や相互作用を活用するモードである。

　5．**Practicing mode**（プラクティシング・モード）：課題への取り組みを通して人生を前進させていこうとするあり方。何らかの手順化された方法

やガイドを用いてクライアントにとっての課題に取り組んでいくというモードである。

おそらく，上記のうちの1はすべての心理支援者が基礎的なモードとしてもっているもので，それに加えて，パーソンセンタードセラピーやヒューマニスティックセラピーでは2や3や4，精神力動的セラピーでは3や4が活用されることが多いと言えるだろう。一方，認知行動療法は上記のモードの中では5を最大限に活かそうとする方法であると考えられる。このようにとらえると，どのモードがすぐれているというよりも，状況やクライアントのニーズに応じてさまざまなモードを柔軟に活用できることの方が重要であろう。ある状況で5のモードを十分に活用したとしても，それが他のモードの活用を阻害するわけではない。プラクティシングの活用とあわせて，傾聴や相互作用を十分に行うことも可能なのである。

発展課題

本章では，認知行動療法の歴史的発展として，第1世代の行動療法，第2世代の認知的アプローチ，第3世代認知行動療法が展開されてきたことをみた。どのような背景からこうした発展が生じたのか，また，それぞれの特徴はどのようなところにあるのか，関連する文献（福井，2008；丹野ら，2015ほか）を調べて，まとめてみよう。

━━━━━━● **理解度確認テスト**（第9章）●━━━━━━

問1．次の文中の空欄に入る適切な語句を，a〜fの中から選びなさい。
 (1) 認知行動療法（CBT）とは，〔 1 〕理論を応用して観察可能な行動を変容・修正させる行動療法に，〔 2 〕的アプローチが合流して形成されたカウンセリング／心理療法の総称である。
 (2) 第3世代認知行動療法は，従来の認知行動療法が否定的な思考の〔 3 〕を目指すのに対して，認知や経験の〔 4 〕（アクセプタンス）やマインドフルネスを重視する。〔 5 〕法的行動療法（DBT），マインドフルネ

ス認知療法（MBCT），アクセプタンス＆コミットメントセラピー（ACT）など。

　　a．弁証　b．受容　c．認知　d．実証　e．制御　f．学習

問2．次の文章6〜10のうち正しいものには○，誤っているものには×を記入しなさい。

6．レスポンデント条件づけとは，自発的な行動の頻度が，その行動に伴う結果（報酬や無報酬，罰など）によって増減するプロセスと手続きである。〔　　　　〕

7．論理療法（REBT）は，非合理的な信念（イラショナルビリーフ）を論駁することを重視する，認知行動療法の先駆的な方法である。〔　　　　〕

8．認知再構成法は，パターン化した自動思考を取り上げ，それ以外の考えやイメージをもつことができるように自動思考の検討を行う方法である。〔　　　　〕

9．セルフモニタリング法は，抑鬱状態における活動レベルの低下などの問題に対して，より肯定的な体験が得られるように，自分にとっての価値に沿った行動を増やすことを目指す方法である。〔　　　　〕

10．行動活性化法は，不安反応を誘発する刺激に一定時間曝すことで，不安を感じさせないことを目指す方法である。〔　　　　〕

第 10 章
心理学的支援法の主要理論（その５）
その他の理論と方法

> **学習のポイント**
> - その他の主要な心理学的支援法としての家族療法とブリーフセラピーはどのようなものか。
> - さまざまなクリエイティブセラピーについて
> - 現代的で統合的な諸理論にはどういったものがあるか。
> - 日本的なエスノセラピーについて。

1．家族療法とブリーフセラピー

　前章までにみてきた主要な心理学的支援法の理論以外にも，さまざまな理論と方法があり，心理支援の実践の中で活用されている。その代表的なものとして，まず，家族療法とブリーフセラピーをあげることができる。

（1）家族療法

　家族療法（▶「用語集」）は，家族を対象としたカウンセリング／心理療法の総称である。家族療法では，家族を個人の総和とみるのではなく，互いに影響を与え合っているひとつのシステムととらえ，そのシステム全体に働きかける方法をとる。

A．家族療法の背景
　家族療法の起源は，フロイトによる少年ハンスの症例や，アッカーマン

（Ackerman, N.）が実践した家族への精神分析的方法の適用など，精神分析や精神力動的セラピーの歴史の中に見ることができる。しかし，コミュニケーション論的な家族療法の出発点はベイトソン（Bateson, G.）のダブルバインド理論（二重拘束説）であると言える。ベイトソンは機能不全家族のコミュニケーションの研究に取り組み，メッセージ（例えば，言語メッセージ）とメタメッセージ（例えば，非言語メッセージ）が矛盾するようなコミュニケーション状況を**ダブルバインド**（▶「用語集」）と呼び，ここから機能不全家族の研究と家族療法の実践が本格的に始まった（Bateson, 1972 邦訳 1990）。

　さらに，ベルタランフィ（von Bertalanffy, L.）による一般システム理論の影響のもとに，「システム」「**円環的因果律**」（▶「用語集」）といった概念が家族療法の中に取り入れられ，システム論的な家族療法が発展していくことになった。

B. 家族療法の特徴

　家族療法は，個々の家族メンバーの問題を単独で扱うのではなく，家族全体をひとつのシステムとしてとらえ，働きかける。家族システムの中では，家族メンバー間の複雑な相互作用が存在し，あらゆる事象が相互に関連しながら生起している。そこで家族療法においては，家族の相互性やコミュニケーションといった関係性そのものを取り上げ，その変容を試みるのである。

　家族療法では，患者／クライアントは家族システムの病理や機能不全を代表して問題を表している家族メンバーという意味で，**IP**（identified patient：患者と見なされる人）（▶「用語集」）と呼ばれる。IP は家族病理のいわばしわ寄せであり，そのような役割を担っている人であると言うことができる。家族システムが変容する過程で IP が他の家族メンバーに移行することもあり，このことからも，個人ではなく家族全体を支援することの重要性がわかる。

C. 家族療法の主要理論

　ひと口に家族療法と言っても，そこには数多くのアプローチが存在している。その中で，コミュニケーション論的およびシステム論的な理論の代表的

なものをみてみる（日本家族研究・家族療法学会，2013）。

1．コミュニケーション派／戦略派：ベイトソンのダブルバインド理論に始まるアプローチは，ジャクソン（Jackson, D.）やヘイリー（Haley, J.）らによってコミュニケーション派家族療法として展開され，MRI（Mental Research Institute）を拠点として発展してきた。このアプローチでは，人間の行動はすべてコミュニケーションであるととらえ，問題行動そのものよりも，それを持続させている相互作用のパターンを問題として取り上げる。さらにこの流れに，ミルトン・エリクソン（Erickson, M. H.）が開発したリフレーミングをはじめとする種々の技法を用いる戦略的アプローチ（戦略派）が加わり，そのアプローチは家族療法だけでなくブリーフセラピーの主要な方法にもなった。

2．構　造　派：家族システムをその構造的な側面からとらえ，アプローチするのが構造派家族療法と呼ばれる立場で，ミニューチン（Minuchin, M.）らによって展開されてきた。家族のサブシステム間にある「境界」，家族メンバーの結びつき方としての「連合」，家族内の支配や力関係を示す「権力」といった概念を用いて家族システムをとらえ，その変容をうながす。ミニューチンはジョイニングなどの技法を発展させ，支援者がチームとして家族に働きかける方法を積極的に導入するなど，家族療法の展開に貢献した。

3．そ　の　他：家族システムの理解と変容のために，数世代にわたる家族の歴史を重視し，ジェノグラム（家族図）を活用するボーエン（Bowen, M.）らの多世代派，家族の行動パターンや信念体系に焦点をあてるパラツォーリ（Selvini-Palazzoli, M.）らのミラノ派／システミック派などがある。また，1990年代以降は，ソリューションフォーカスト・アプローチ（SFA）やナラティブセラピーなどの新たな方法が提案されてきている。

D．家族療法の方法

家族療法の代表的な方法には，次のものがある（日本家族研究・家族療法学会，2013）。

1．合同家族面接（conjoined family interview）：家族メンバー全員による面接。そこでのコミュニケーションや相互作用，関係性のあり方などか

ら家族システムの特徴が見立てられる。また，その中でジョイニングやリフレーミングなどの技法が活用される。

　２．ジョイニング（joining）：セラピストが家族の文化の中に溶け込み，家族の行動パターンやコミュニケーションの特徴などを観察し，模倣する技法。

　３．リフレーミング（reframing）：家族メンバーの出来事や行動，関係性などの事実は変えずに，その事実が生じた文脈や意味づけを変容させる技法。

　４．そ の 他：問題行動を維持・強化するように指示する逆説的介入（治療的パラドクス）や，家族メンバーそれぞれに対して等間隔の距離を保つための方法（多方面への肩入れ）などが用いられる。

エクササイズ10.1：ジェノグラム（家族図）による家族関係の検討

　ジェノグラム（家族図）は，家族療法でよく使用される家族の構成と関係を図に表す表現法であり，家族療法以外のカウンセリング／心理療法においてもクライアントの家族関係の把握のために用いられることが少なくない。

　５分程度の時間をとって，あなた自身の家族か，小説やアニメ作品などで描かれている家族について，ジェノグラムを作成し，その家族の関係や結びつきを検討してみよう。

　ジェノグラムの書き方：男性は□，女性は○で表し，一般的な家系図の描き方で，できれば３世代にわたって描く。同居している家族は線で囲む。２者間に親和的な関係が認められる場合は複数の線でそれを表す。例：親密な関係は２本線，共生的な関係は３本線，など。逆に，葛藤的な関係が認められる場合は／＼／＼／＼で表す（ジェノグラムにはこれ以外の描き方もある）。

　作成したジェノグラムを見て，５〜10分くらいの時間をとって，この家族にはどのような特徴があるかについて自分で考えるか，近くの人と話し合ってみよう（実在の家族について話し合う場合は，プライバシーに留意すること）。

（2）ブリーフセラピー

　ブリーフセラピー（▶「用語集」）は，短期間で効果的に問題解決を図るカウ

第 10 章　心理学的支援法の主要理論（その 5）　　*131*

ンセリング／心理療法のアプローチである。家族療法のコミュニケーション
派／戦略派から発展してきたが，家族以外のさまざまな社会集団に対しても
適用されるようになり，ブリーフセラピーとして定式化された（宮田，
1994）。

A．ブリーフセラピーの理論

　ブリーフセラピーでは，不適応などの問題や，その解決行動に対してクライ
アントが用いている特定のコミュニケーションのパターンを焦点化し，そ
れを戦略的に変容させることを目的としている。

　ブリーフセラピーにはいくつかの理論的立場があるが，コミュニケーショ
ンパターンのどの部分に焦点をあてるかの違いによって，問題焦点型アプ
ローチ（MRI モデル）と解決焦点型アプローチ（SFA）とに分けられる。

　問題焦点型アプローチは，主に MRI によって開発されてきたもので，問
題を問題として見なすようなコミュニケーションのパターンを変化させるこ
とで問題解決を図る方法である。

　解決焦点型アプローチは，ソリューションフォーカスト・アプローチ
（SFA）とも呼ばれるが，考えられる解決方法をクライアントが自発的に導
き出すための手助けをすることで問題解決を図る方法である。例えば，問題
の中で生じている小さな解決（例外）を見つけ出し，それを拡張していく，
といったやり方を用いる。

B．ブリーフセラピーの方法

　ブリーフセラピーに特徴的な方法は，次のようなものである。

　1．コミュニケーションパターンの焦点化：問題焦点型アプローチでは，
現在用いられている解決行動それ自体が問題を維持し，再生産させる「偽解
決」になっているととらえる。そして，問題を問題として見なすコミュニ
ケーションパターンに焦点をあて，問題を活性化させるような指示を与える
ことで逆に悪循環を断ち切る「治療的パラドクス」を用いて，クライアント
のコミュニケーションパターンを変化させる。また，問題状況とその解決の
筋道を比喩的にイメージさせるためにメタファーが積極的に活用される。

２．SFA の質問技法：解決焦点型アプローチ（SFA）では，効果があると思われる解決行動を具体的にイメージさせるため，さまざまな質問技法が用いられる。例えば，もしも奇跡が起きたらどうなるかを問うことで解決後の状況をイメージさせる「ミラクルクエスチョン」，これまで問題を乗り越えてきた自分の行動や態度のパターンを振り返させる「サバイバルクエスチョン」，現在の状況を数値化することで問題の達成度を自覚させる「スケーリングクエスチョン」，問題が生じるはずの場面で例外的に問題が生じなかった状況に注目させる「例外探し」などである。

　３．リソース（資源）の活用とコンプリメント：問題焦点型アプローチにも解決焦点型アプローチにも共通して用いられる方法に，リソースの活用とコンプリメントがある。リソースの活用は，クライアントがもっている解決に役立つ人的・環境的資源を積極的に用いる方法であり，コンプリメントはクライアントの例外的な解決体験やサバイバル体験に焦点をあてて賞賛する技法である。

関連トピック 10.1：ナラティブセラピー

　家族療法やブリーフセラピーと関連して発展してきたカウンセリング／心理療法の理論にナラティブセラピーがある。ナラティブ（narrative）とは，語りや物語を意味する用語であり，ナレーションなどと同じ語源をもつ言葉である。ナラティブセラピーでは，クライアントのナラティブに焦点をあて，クライアントがどのようなナラティブの中に生きているのか（ドミナント・ストーリー）を理解し，もしそれがクライアントを生きづらくしているのであれば，よりよい別のナラティブ（オルタナティブ・ストーリー）が生成されることを支援する。

　ナラティブセラピーが生まれてきた背景としては，従来の家族療法が一般システム理論やサイバネティクスといった，人間や家族のシステムを機械や通信手段といったメカニカルなシステムと同様に扱っていたことへの反省がある。ナラティブセラピーは，社会やシステムは人間が生成し織りなす語りによって構成されており，それは絶対的なものではなく変容の可能性に開かれているという社会構成主義（social contructivism）に基づくものである。

第10章　心理学的支援法の主要理論（その5）　│　*133*

　このようなナラティブセラピーあるいはナラティブアプローチは，家族療法やブリーフセラピーといった枠組みを超えて，広くカウンセリング／心理療法やその他の対人的支援にとり入れられてきている（マクナミー＆ガーゲン，邦訳 1997）。

2．クリエイティブセラピー（表現芸術療法）

（1）クリエイティブセラピーとは

　クリエイティブセラピー（表現芸術療法）（▶「用語集」）とは，描画，造形，音楽，劇，ダンス，文芸，詩歌といった表現的あるいは芸術的な媒体を活用するセラピーの総称である。

　表現的で芸術的な媒介を活用すること，あるいは表現活動や芸術活動を行うことで，通常のカウンセリング／心理療法では表されにくい非言語的で感性的，身体的なさまざまな側面の表現が可能となり，より多面的な心理支援が可能になる。また，言語的コミュニケーションを十分に行うことができない子どもや高齢者，さまざまな障害を抱えるクライアントに適用できるということもクリエイティブセラピーの利点のひとつである（小野，2011）。

（2）さまざまなクリエイティブセラピー

A．アートセラピー

　アートセラピー（art therapy; fine art therapy）は，視覚的な芸術作品の制作や鑑賞などを活用するセラピーである。アートセラピーには芸術と心理療法という二つの起源があるために，その定義や意義づけにおいても，方法においても多様である。例えば，作品を完成すること自体にセラピー的な効果を認める立場，自己の内面を表現することに意義を見出す立場，アートをカウンセリング／心理療法のコミュニケーションの通路とする立場，作品や表現を心理的状態の解釈の素材として活用する立場などがある。どの媒体をどのように用いるかを工夫することで，子どもから高齢者まで，またさま

ざまな障害や病気を抱えるクライアントなど幅広い人々に適用可能である。表現や鑑賞の素材としては，絵画，スケッチ，工作，彫刻，写真，コラージュのほか，さまざまな種類の視覚芸術とその表現手段がセラピーのプロセスに用いられる。

B. 音楽療法

音楽療法（music therapy）は，音楽の鑑賞や演奏，歌唱などを活用するセラピーである。歌唱や演奏を行う能動的音楽療法と，音楽を聴くなどの受動的音楽療法の二つの方法がある。音楽がもつ生理的・社会的・心理的な働きを活用することで，心身の機能の維持改善，生活の質の向上，行動の変容などが図られる。

C. サイコドラマ

サイコドラマ（psychodrama）（▶「用語集」）は，モレノによって開発された，クライアントが抱える問題について即興的な演技を通じて理解を深め，解決を目指してゆく集団心理療法である。演者（主役，補助自我）のみならず，観客もまた重要な役割を果たす（モレノ，邦訳 2006）。

サイコドラマのセッションでは，ひとりが主人公になり，舞台上で演じられる特定の状況に焦点をあてる。例えばその人の過去における特定の出来事や未完了の状況，内なるドラマ，夢，ファンタジー，将来の危険に対する心構え，あるいは今ここでの心理状態や態度など，さまざまな場面が即興で演じられる。主人公には補助自我がつき，無意識的な願望や声，行為などを表現する。セラピストは監督として劇の進行を促進する。グループの他のメンバーは脇役あるいは観客となり，他の重要な役を演じるか，劇を見守ることによって主人公をサポートする。このような方法を通して，主役および他のメンバーの心理的問題の解決や，新たな行動のあり方を見出すのがサイコドラマである。

D. その他

１．ダンスムーブメントセラピー（dance/movement therapy）：心身の

動きを伴う一体感や関係を重視し，ダンスや身体動作を用いて統合体としての心身の機能回復・向上を目指す心理療法である。

2．ビブリオセラピー（読書療法：bibliotherapy）：読書をカウンセリング／心理療法の中で活用する方法で，小説や詩歌の鑑賞，創作，音読などが用いられる。その形式はさまざまで，ひとりで本を読み進めていくこともあれば，カウンセリングと組み合わせて対話の素材として利用されることもあれば，読書会による集団療法で用いられることもある。

3．プレイセラピー（▶「用語集」）：プレイセラピー（遊戯療法）とは，子どもとプレイセラピストの適切で特別な対人関係の中で，安全な環境と遊び道具を使って，子どもが自分の気持ちや考えを表現したり探索したりするのをプレイセラピストが促進し支援する方法である。

4．箱庭療法（▶「用語集」）：箱庭療法は，セラピストが見守る中で，クライアントがミニチュアやおもちゃを砂箱の中に自由に入れて，小さな世界をそこに構成していく手法である。子どもから成人まで幅広く活用されている。ユングの理論をとり入れたカルフ（Kalff, D.）によって開発された。

5．そ の 他：シネマセラピー（cinema therapy）など映像作品の鑑賞を用いる方法や，演技や演劇を活用する演劇療法（drama therapy），動物を介在するアニマルセラピーなども広い意味でのクリエイティブセラピーだと言えるだろう。また，ナタリー・ロジャーズの表現アートセラピーのように，描画と音楽，ダンスなど複数の表現媒体を組み合わせた方法もある。

3．現代的で統合的な諸理論

（1）現代的で統合的な理論とは

第5章で主要なカウンセリング／心理療法のパラダイムについて見たが，そこでの主要なカテゴリーの中に入らない現代的で統合的な諸理論が数多くある。家族療法とブリーフセラピーもそうした中に位置づけることができるが，それ以外にも重要な理論が存在している。交流分析（TA），対人関係療法（IPT），動機づけ面接（MI）などであり，また，各種のパラダイムや理

論と方法を統合的に活用しようとする折衷的・統合的・多元的なアプローチ
も展開されてきている。

(2) 主要な現代的で統合的な理論

A．交流分析（TA）

交流分析（TA）（▶「用語集」）とは，1950 年代後半にバーン（Berne, E.）に
よって提唱されたカウンセリング／心理療法の理論である。それは，次のよ
うな理論から構成されている（バーン，邦訳 2000）。

1．自我状態の分析：交流分析では自我状態を「親」（parent: P），「大人」
（adult: A），「子ども」（child: C）の三つからとらえる（PAC モデル）。人
は三つの自我状態をもち，その強弱や重なり合いがパーソナリティの特徴を
形成していると考える。

さらに，P は保護的で養育的な親（nurturing parent: NP）と，厳格で支
配的な親（controlling parent: CP）に，そして C は自由奔放な子ども
（free child: FC）と，従順な子ども（adapted child: AC）に分けられ，
NP/CP，A，FC/AC の五つの自我状態からパーソナリティ特徴を分析しよ
うとするのがエゴグラムという分析法である。

2．交流の分析：NP/CP，A，FC/AC の五つの自我状態が，対人関係の
中で他者とどのような交流をしているのかを分析するのが交流の分析であ
る。その主なものは次のとおり。

- 相補的な交流：お互いの交流が相補的にスムースに生じている場合。
- 交差的な交流：お互いの交流が交差的にぶつかり，問題をはらんでいる
  場合。
- 裏面的な交流：表面的な交流とは別に，裏面で異なる交流が生じている
  ような場合であり，ゲームと呼ばれるような困難なパターンに陥ってい
  ると考えられる。

3．脚本分析：人生脚本と呼ばれる，その人がつくり上げている人生の無
意識的なシナリオを分析する方法。

第 10 章　心理学的支援法の主要理論（その 5）　　*137*

B.　対人関係療法（IPT）

　対人関係療法（IPT）（▶「用語集」）は，サリヴァンの対人関係論などを理論的背景とした，重要な他者との関係性に焦点をあてた現代的・統合的な方法である。鬱病性の障害に一定の効果をもつことが実験的な研究から明らかになり，広く用いられるようになった。もとは鬱状態の成人への個人療法として開発されたが，その後若年成人や高齢者を含むクライアントの鬱状態，双極性障害，過食症，夫婦カウンセリングなどにも適用できるように修正が加えられてきた。また，心的外傷後ストレス障害（PTSD）に対応したマニュアルなども作成されている（水島，2009）。

C.　動機づけ面接（MI）

　動機づけ面接（MI）（▶「用語集」）は，ミラー（Miller, W. S.）らによって開発されたカウンセリング／心理療法の現代的なアプローチである。動機づけ面接では，クライアントの中にある矛盾を明らかにし，そのアンビバレントな状態を探究し，それを解消する方向へとクライアントが向かうのを促進する。クライアントの内発的な動機づけを活性化し，行動変容をうながす。クライアント中心ではあるが，やや指示的な方法である。動機づけ面接の目的は，クライアントとのラポールを確立し，チェンジトークと呼ばれる自己動機づけ的な発言を引き出し，行動変容のためのコミットメントに関する言語を確かなものにしていくことにある（ミラー＆ロルニック，邦訳 2007）。

D.　その他の諸理論

　以上のほかにも，例えば，リアリティセラピーや NLP（神経言語プログラミング）といった現代的・統合的な方法，アレクサンダーテクニックやフェルデンクライス法，動作法（臨床動作法），ラビリンスウォークなどのボディワークを活用する方法，種々の集団療法やグループアプローチ，眼球運動による脱感作と再処理（EMDR）や SE（ソマティック・エクスペリエンス）療法などトラウマ関連の支援法，認知分析的セラピーや AEDP（加速化体験力動療法）といった統合的な方法，等々，数多くの現代的で統合的な理論と方法がある。現在，世界には 400 を超えるカウンセリング／心理療法が

あると言われている。

4．民族文化療法（エスノセラピー）

（1）民族文化療法（エスノセラピー）とは

民族文化療法（エスノセラピー）（▶「用語集」）とは，各文化圏の文化的・民族的な特徴や土着的な精神修養・癒しの方法を現代的にアレンジして活用する方法の総称である。例えば，さまざまな儀式，祭礼，祈り，共同体のつながりなどは，人々の心理的な癒しや安寧，対人関係の深化に大きな役割を果たしてきたと言えるが，そうした方法を現代的なカウンセリング／心理療法の中に活かそうとするのが民族文化療法である（布施，1992）。

　世界各地にはその土地や文化に根ざしたさまざまな民族文化療法がある。米国では先住民族やアフリカ系米国人の文化や方法を活用しようとする動向があり，ヨーロッパでもユングが試みたように神秘主義思想をとり入れようという試みがなされてきた。日本においても，独自の日本的な心理療法／精神療法が展開されてきた。その主要なものとしての，森田療法と内観療法をみてみる。

（2）日本の代表的な民族文化療法

A．森田療法

森田療法（▶「用語集」）とは，1919 年（大正 8 年）に森田正馬（もりたまさたけ）により創始された，森田神経質と呼ばれる神経症の治療を目的とした方法である。神経質者（ヒポコンドリー性基調を素質としてもつ人）は，何かのきっかけ（機会）で自分の心身の状態に不安を感じたとき，それを完全に取り去ろうとする（精神交互作用）ために，逆に症状を強化させ固着させた状態に陥ってしまう。これを森田正馬は，病（神経質）＝素質（ヒポコンドリー性基調）×機会×病因（精神交互作用），と表現する。森田療法では，症状を取り去ろうとはせずに，自然な生の欲望をあるがままに受け入れることを重視する（東京慈恵会医科大学森田療法センター，2007）。

第10章　心理学的支援法の主要理論（その5）　139

　入院治療においては，第1期：絶対臥褥（がじょく）期（患者を個室に隔離し，食事・洗面・トイレ以外の活動をさせずに寝ているようにさせる），第2期：軽作業期（外界に触れさせ，清掃などの軽作業をさせる），第3期：作業期（睡眠時間以外はほとんど何かの活動をしているという生活にする），第4期：社会生活準備期（日常生活に戻れるよう社会生活の準備に当てられる），といった段階を1～3カ月ほど費やす。

　通院治療では，個人面談を中心に日記指導を併用することもある。日常生活の中での行動の仕方を，気分本位ではなく，物事本位となるように指導する。つまり，やる必要のあることに注意とエネルギーを向けさせるのである。また，生活の発見会という自助グループでの支援も行われている。

B. 内観療法

　内観療法は，浄土真宗の一派の身調べという修養法を内観法として定式化した吉本伊信（よしもといしん）の方法を基礎としている。その内観法を心理学的支援法として応用するのが内観療法である（長山・清水，2006）。

　集中内観と呼ばれる宿泊型の方法と，日常内観と呼ばれる非宿泊型の方法があるが，いずれも標準的なやり方は以下のとおりである。母，父，兄弟姉妹，自分の身近な人に対する，これまでの自分の関わりを，

　1．してもらったこと
　2．して返したこと
　3．迷惑をかけたこと

の三つのテーマに沿って，繰り返し入念に思い出す。場合によっては，「嘘と盗み」「養育費の計算」などのテーマが与えられることがある。

　こうした内観を通じて，自分や他者への理解や信頼が深まり，自己の責任や存在価値を自覚することによって，社会生活の改善につながると考えられる。

C. その他

　日本的な心理学的支援法としては，そのほかに，世界で最も短い詩であると言われる俳句を活用する俳句連句療法や，折り紙，茶の湯，生け花などを

媒体として用いる方法，さらに友田不二男らによるパーソンセンタードセラピーや河合隼雄らによる分析心理学の日本独自の展開などがある（日本カウンセリング・センター，2009；河合，2002 ほか）。

5．折衷的・統合的・多元的アプローチ

さまざまに存在している心理学的支援法の理論のうち，いずれかの立場や方法に固執するのではなく，クライアントの問題やニーズに応じて複数のカウンセリング理論を柔軟かつ選択的に活用しようとする考え方と方法もある。

A．折衷的アプローチ

種々のカウンセリング／心理療法の利点を選択的に活用する考え方は**折衷的アプローチ**（▶「用語集」）と呼ばれ，ソーン（Thorne, F. C.）らによって提唱された。アイビイ（Ivey, A. E.）のマイクロカウンセリング（micro-counseling）は，折衷的カウンセリングの代表的な方法のひとつである（アイビイ，邦訳 1985）。

B．統合的アプローチ

さまざまなカウンセリング／心理療法の理論を統合的にとらえることで，単一の理論の弱点を補おうとする考え方は**統合的アプローチ**（▶「用語集」）と呼ばれる。その統合のあり方は次の四つの様式に分けられる。第一に，複数の理論の諸側面を新しいセラピーとして統合しようとする「理論的統合」。第二に，すでに存在している理論や方法に，新しい技法を徐々に導入する「融合的な統合」。第三は，複数の理論にまたがる有効成分を抽出しようとするもので「共通要因アプローチ」と呼ばれる。第四は，人間のさまざまな側面にアプローチするために種々の技法を統合的に活用する「技法的折衷」である。代表的な統合的アプローチには，ラザラス（Lazarus, A.）のマルチモードセラピー（multimodal therapy）などがある（ラザラス，邦訳 1999）。

C. 多元的アプローチ

　近年，カウンセリング／心理療法への**多元的アプローチ**（▶「用語集」）が提案されるようになっている。これは，多元論（pluralism）——本質的な問題には，妥当ではあるが相互に対立するようなさまざまな解答がなされうると考える哲学——に基づいて，クライアントとの対話と協働によってさまざまな方法や活動を活用しようとするものである。このアプローチでは，カウンセラー／セラピストが学び実践してきた特定の理論の長所を掘り下げながら，同時に他の理論や方法の意義を尊重することによって，クライアントにとって有益な援助を提供していこうとする（Cooper & McLeod, 2011 邦訳 2015）。

実践への示唆 10.1：米国の経験を積んだセラピストが活用している諸方法

　トーマとセセロ（Thoma & Cecero, 2009）は，米国の経験を積んださまざまな流派のセラピスト 209 名に対して，その人たちが実践で活用している方法を質問した。上位の項目について支持が多かった順に示す（なお，回答した 209 名の流派の内訳は，認知行動〈77 名〉，精神力動〈55 名〉，統合／折衷〈55 名〉，ヒューマニスティック〈14 名〉，システム論〈6 名〉，その他〈2 名〉だった）。

　1．クライアントの視点から世界を理解しようとする（共感）。
　2．無条件の肯定的配慮を提供する。
　3．不適応的なあるいは歪曲した信念に立ち向かう。
　4．自己一致している／純粋である。
　5．感情を反射する。
　6．代替行動（alternative behaviors）を立案して勧める。
　7．患者がワークスルーするように，あるいは洞察を人生の状況に適用するように導く。
　8．思考や仮定や信念がどのようにさまざまな情動的反応を引き起こすのかについて，クライアントが気づくように指導する。

9. 今ここでの気づきに注意を喚起する。
10. クライアントが「～べき・～はず・～ねば（shoulds, oughts and musts）」の思考をしていることを認識し，それを変えていくように導く。
11. 楽しむことができる活動（pleasurable activities）のスケジュールを立てる，あるいはそうした活動をすることを勧める。
12. 人や状況についての語り（narrative）を変えるのに役立つような肯定的なリフレーミングを提供する。
13. 意味や目的の感覚が見出せるように促進する。
14. 幼少期の経験を探究する。
15. クライアントに機能不全の家族システムの中での自分の役割を検討するように勧める。
16. セラピストに対してありのままに，自分を偽らずにいるように勧める。
17. 問題のある対人関係における情動的な問題を探究し解釈する。
18. 今ここで生じているボディランゲージや話し方についてクライアントにフィードバックする。
19. 現在生じている内的な感情や感覚に焦点づけ（focusing）するようにクライアントを促す。
20. 共感的な再焦点化（empathic refocusing）を通して，クライアントが回避していることや過小評価していることに共感する。

(Cooper & McLeod, 2011 邦訳 2015, pp. 141-142 より)

発展課題

　上にあげた「**実践への示唆 10.1**：米国の経験を積んだセラピストが活用している諸方法」を見て，どんな印象をもっただろうか？　また，上位の方法がなぜ多くのセラピストによって活用されているのか，その理由について，関連する文献（Cooper & McLeod, 2011 邦訳 2015 ほか）を調べて考えてみよう。

第 10 章　心理学的支援法の主要理論（その 5）　143

━━━━━━━●　**理解度確認テスト**（第 10 章）　●━━━━━━━

問 1．次の文中の空欄に入る適切な語句を，a ～ f の中から選びなさい。

(1) コミュニケーション論的な家族療法の出発点はベイトソンのダブルバイン
ド理論（〔　1　〕説）であると言える。ここから〔　2　〕家族の研究と
家族療法の実践が本格的に始まった。さらに，一般システム理論の影響の
もとに，「システム」「〔　3　〕的因果律」といった概念が家族療法の中に
取り入れられ，システム論的な家族療法が発展していくことになった。

(2) ブリーフセラピーにはいくつかの理論的立場があるが，コミュニケーショ
ンパターンのどの部分に焦点をあてるかの違いによって，〔　4　〕焦点
型アプローチ（MRI モデル）と〔　5　〕焦点型アプローチ（SFA）とに
分けられる。

　　　a．直線　b．機能不全　c．解決　d．円環　e．問題　f．二重拘束

問 2．次の文章 6 ～ 10 のうち正しいものには○，誤っているものには×を記入
しなさい。

6．IP（identified patient）とは，患者と見なされる人，患者の役割を担う人
という意味で，家族療法におけるクライアント観を表す用語である。
〔　　　　〕

7．サイコドラマは，モレノによって開発された，グループで即興的に演技す
ることを通して，主役が人生における自分の問題を探究する機会を提供す
る演劇療法のユニークな形態である。〔　　　　〕

8．交流分析（TA）は，バーンによって開発された，自我状態（エゴグラム）
や対人交流の分析を中心としたセラピーの方法である。〔　　　　〕

9．動機づけ面接（MI）は，サリヴァンの対人関係論などを理論的背景とし
た，重要な他者との関係性に焦点をあてた現代的・統合的な方法である。
〔　　　　〕

10．森田療法は，森田正馬により創始された，森田神経質と呼ばれる神経症の
治療を目的とした日本的な方法。自然な生の欲望をあるがままに受け入れ
ることを重視する。〔　　　　〕

第11章
心理学的支援法のプロセスと実際

学習のポイント
- 心理学的支援法のプロセスについてはどのようなとらえ方があるか。
- 心理学的支援法のプロセスについての総合的な観点。
- 心理学的支援法の実際と留意点について。

---

1. 心理学的支援法のプロセス

(1) 主要な心理学的支援法におけるプロセス

　カウンセリングや心理療法をはじめとする心理学的支援法はどのようなプロセスをたどるのだろうか。そのとらえ方には理論的立場やパラダイムによって異なる面がある。そこで以下では，主要な理論的立場によって示されている代表的なプロセスについての考え方を示し，その後でそれらに共通する総合的な観点を示す。

A. 一般的な用語によるプロセスのとらえ方
　まず，さまざまな対人的支援の近接領域とも共通する一般的な用語によるプロセス理解を示す。これは，クライアントが抱える問題への助言・指導を主とするガイダンス的な支援において用いられる枠組みであり，心理支援者が行う手続きによってプロセスを区分したものである。
　1．**インテーク**（intake）受理面接，予備的面接：初回面接と呼ぶ場合もあるが，複数回行われることもある。主な作業は情報収集で，主訴，問題

歴・生育歴，家族構成，目標・ニーズなどが聞き取られる。また，情報収集だけでなく，心理支援を受けることへの信頼感（ラポール）が高まるように働きかける。

2．**アセスメント**（assessment）査定，見立て：収集された情報に基づく問題の原因・成因の分析を行う。必要に応じて心理テストなど各種検査が実施される。クライアントの認知・感情・行動・対人関係・能力・特性の傾向などが分析され，問題との関係が検討される。継続セッションの必要性，他機関へのリファー（委託・紹介）の必要性などが判断される。

3．**トリートメント**（treatment）対処，処置：アセスメントによってクライアントの問題解決や，目標・ニーズを達成するための効果があると考えられる対処が提供される。例：自己探究のための傾聴，問題解決のための助言・指導，洞察をもたらすための解釈，認知や行動の変容のための介入など。

4．**フォローアップ**（follow-up）評価，追跡調査：トリートメントに効果があったかどうかを評価する。また，カウンセリング終結後も効果が維持されているかどうかをフォローアップする。必要に応じてカウンセリングが再開され，インテークからのサイクルが繰り返される。

　以上のようなプロセス論やその用語は，ソーシャルワークなどの近接領域でも使用されており，対人的支援において共通性の高い考え方であると言える。一方で，カウンセリングや心理療法といった心理学的支援法の独自のプロセスを表現するには不十分な面もあり，こうした用語のほかに，カウンセリング／心理療法の代表的なパラダイムによって，以下に示すプロセス論が展開されてきた。

B．パーソンセンタードセラピーにおけるプロセスのとらえ方

　パーソンセンタードセラピーでは，そのプロセスはどのようにとらえられるのだろうか。初期の非指示的なクライアントセンタードセラピーのプロセスは，次のように示されていた（Rogers, 1942 邦訳 2005a）。

1．**関係の創出**（creation of relationship）：カウンセラー／セラピストによって明確に設定された面接場面の中で，クライアントが自由かつ主体的に自分自身や自分の問題に取り組み，建設的な方向へと進んでいくことがで

きるような，安全で信頼できる関係が創出される。

２．表現の開放（releasing expression）：カウンセラー／セラピストはクライアントが表現する否定的なものを含むさまざまな感情を受容し，理解し，明確化する。そうした働きかけを通して，クライアントからは，最初はかすかなものではあっても，成長へと向かう肯定的な感情が次第に表現されるようになる。

３．自己洞察の達成（achievement of insight）：クライアントに自己洞察，自己理解，自己受容が生じ，可能性のある選択や行為の方向が明確なものとなり，意味のある肯定的な行為がとられるようになる。

４．終結の段階（closing phase）：クライアントには，より完全で正確な自己洞察と自己理解が発展し，肯定的な行為がますます統合され，援助を求める気持ちが減少し，終結へと至る。

このようなパーソンセンタードセラピーのプロセス論は，クライアントの主体的な探究や変容と，それを受容的に支えるカウンセラー／セラピストの態度に焦点をあてたものであり，その後，態度の中核条件としての一致・受容・共感が重視されることになり，過程尺度（プロセススケール）の開発などへと展開されることとなった。

C．精神力動的セラピーにおけるプロセスのとらえ方

精神分析および精神力動的セラピーにおいては，そのプロセスはおよそ次のようにとらえられている（第8章参照）。

１．治療同盟：クライアントの無意識と闘うためにその自我とセラピストが同盟を結ぶ。具体的には，自由連想の規則，禁欲規則という基本原則が伝えられ，治療契約が結ばれる。

２．自由連想と治療的退行：問題や症状に関連して連想する過去の経験や夢が想起され言語化される。セラピストは平等に漂う注意によって，無意識的な素材を注意深く傾聴する。次第に，クライアントには願望や幻想などが織り交ざった治療的退行が出現する。

３．転移と抵抗の分析：クライアントはセラピストに転移的な態度を示すようになり，その意味がセラピストから解釈され，明確化される。また，ク

ライアントに生じる変容に抵抗しようとする無意識的な願望や態度も解釈され分析される。

　4．**徹底操作**：セラピストからの解釈によってクライアントには洞察がもたらされ，その洞察を繰り返し体験することで，反復強迫の連鎖からクライアントは解き放たれ，終結へと向かう。

　このような精神力動的セラピーのプロセス論は，クライアントの深層心理的な水準での変容がどのように生起するかに焦点をあてたものであり，心理学的支援法のプロセスについて重要な側面をとらえたものであると言える。

D．認知行動療法におけるプロセスのとらえ方

　認知行動療法では，一般的な用語によるプロセスのとらえ方とほぼ同じプロセス論が用いられることが多いが，トリートメントはインターベンション（intervention：介入）と呼ばれる。

　1．**インテーク**：クライアントの問題行動や認知の傾向に焦点をあてた情報の収集が行われる。

　2．**アセスメント**：インターベンションを実施する前の状態（ベースライン）の行動や認知の査定が実施される。また，アセスメントに基づいて，どのような方法やプログラムを実施するかの検討（ケースフォーミュレーション）が行われる。

　3．**インターベンション**：行動や認知に直接働きかける介入を一定期間提供する。

　4．**フォローアップ**：ベースライン時と比較して，介入後の改善を評価する。改善が確認され，介入を行わなくても改善が維持されることがわかると終結となる。

　認知行動療法におけるプロセス論は合理性や科学性が高い考え方であると言え，ベースライン時とフォローアップ時の変容の度合いを測定することで，介入の効果を確かめることができる。エビデンスベースト・アプローチになじみやすいプロセス論である。

（2） 心理支援のプロセスについての総合的観点

　以上みてきたカウンセリング／心理療法のプロセスについてのとらえ方は，共通する部分もある一方で，それぞれの理論的立場やパラダイムに応じて，かなり異なる考え方や手続きとして定式化されている。また，これら以外にも，各種の心理学的支援法にはそれぞれ独自のプロセスについてのとらえ方がある（福島ら，2004）。

　それでは，このようにさまざまなバリエーションがある心理学的支援法のプロセスについて，それらを包含するような総合的な観点をもつことは可能だろうか。以下に，さまざまな心理学的支援法のプロセスを包括的にとらえるためのひとつの総合的な見方を示す。

　第1段階【初期の段階】：心理支援の開始の段階である。そこでの主な作業は，情報の収集と関係の形成である。インテークの作業として主訴や問題歴，現在の状況など，心理支援にとって不可欠な情報が聞き取られ，心理的支援の適否や可能性などが話し合われる。必要に応じてアセスメントが実施される。心理的支援が妥当だと判断される場合は，支援法についてのインフォームドコンセント，倫理や制限の伝達，ラポールの形成などが行われる。

　第2段階【探究の段階】：必要に応じて，より入念なアセスメントが実施され，ケースフォーミュレーションを通じて心理支援の有効性が検討される。継続的な心理支援を実施する場合は，その設定（時間，間隔，料金，内容，目標など）を行い，どのような心理学的支援法によって支援していくかをクライアントのニーズによって決定する。クライアントは提供される心理学的支援法によって問題解決や自己成長の探究を行う。

　第3段階【展開の段階】：クライアントにとって必要な支援を提供し，その感情や認知，行動，対人関係などの展開や変容を促進する。必要に応じて，危機介入，家族や関係者への支援，コンサルテーションなど，さまざまな支援法が求められることもある。

　第4段階【終結の段階】：心理支援の終結に向けた作業が行われる。終結の際には，クライアントと合意のうえ終結し，必要に応じて終結後のフォローアップについて話し合う。

2．心理支援の実際と留意点

　カウンセリング／心理療法をはじめとした心理支援の実際はどのように行われていくのだろうか。また，そのプロセスにおける留意点としてはどのようなことに気をつける必要があるだろうか。

　ここでは，上に示した心理支援のプロセスについての総合的観点に沿って，心理支援の実際と留意点を概説する。

（1）初期の段階

　まず，心理支援の初期の段階における重要な実際的作業と，そこでの留意点を考える。

A．コミュニケーションの重要性（良好な人間関係を築くためのコミュニケーションの方法）

　心理学的支援法は基本的に，言語的・非言語的なコミュニケーションによって提供される支援である。そこでは，クライアントとの良好な支援関係を築くためのコミュニケーションを心がけることが重要である。以下のようなコミュニケーションを通じて，クライアントと心理支援者の間にラポールが形成される。

　1．傾聴を基礎としたコミュニケーション：心理支援における傾聴の重要性については第2章で論じたが，実際の支援においては，さまざまな点に留意しながら傾聴を基礎としたコミュニケーションを行うことが求められる。

- クライアントが聞かれたくないことを無理に聞き出そうとしない。
- クライアントに対して断定的な評価を行わない。
- クライアントに議論や説得を試みない。
- 心理支援者が自分の価値観や選好をむやみに提示しない。
- クライアントの関係者に対する批判や弁護などをしない。
- 心理支援者として適切な言葉遣いに留意する一方で，専門用語を振りかざすようなことはしない。

　このような留意点のもとに，第6章で取り上げたパーソンセンタードセラ

ピーの基本的な方法に習熟し，傾聴的なコミュニケーションが行えることが心理支援者には求められる。

　2．**難しい場面でのコミュニケーション**：心理支援を求めるクライアントや関係者の中には，これまでのさまざまな経験などから，他者に対して信頼感をもてなかったり，被害的あるいは攻撃的な思いを抱きやすい人たちもいる。このような場合，心理支援者はクライアントや関係者の背景や心情を配慮し，誠実に対応することが求められる。共感的な態度を基盤として，良好な関係を築くことが必要である。また，クライアントがやりとりの中で沈黙したり，多弁になることもある。そのような場合にも，クライアントの状態や状況に応じて，安全で意味あるコミュニケーションを行うことが重要である。

　3．**非言語的コミュニケーションの重要性**：コミュニケーションには言語的な側面だけでなく，非言語的な側面も含まれている。そうした非言語的コミュニケーションの働きに留意することも大切である。

　心理支援者の側の非言語的コミュニケーションは，クライアントとの良好な関係を築くための重要なツールであると言える。例えば，次のような点に気をつけるべきであろう。

- 表情や視線，姿勢，動作で積極的な関心を向ける（例：穏やかで自然な表情や視線をクライアントに向ける，落ち着いた受容的な姿勢や動作を心がける，腕組みや脚組み，せわしない動作などはなるべく行わない，など）
- 声の質や話す速度に留意する（例：落ち着いた声の質，自然な語りや呼吸のテンポに留意する，など）

　一方，クライアントの非言語的な態度やコミュニケーションについては，その表情，視線，身なり，姿勢や動作，声の質や話すテンポなどを観察しつつ，非言語的態度に何か重要な意味やメッセージが込められているような場合には，そうした状態を理解することが大切である。留意が必要な可能性のある例をあげる。

- 暗く沈んだ表情や，背を丸めて肩を落とした姿勢（例：悲嘆や苦悩，あるいは抑鬱的な気分の表れの可能性，など）

第 11 章　心理学的支援法のプロセスと実際　*151*

- 高揚した表情や動作，甲高い声，オーバーな語り方（例：躁的で興奮状態にある可能性，など）
- せわしなく，あるいは小刻みに反復する動作（例：緊張や不安，あるいは焦燥感の表れの可能性，など）
- 無表情，あるいは感情を表そうとしない語り方（例：カウンセリングへの拒否的あるいは攻撃的な感情が内在している可能性，など）
- その他（以上はいくつかの例にすぎない。クライアントが示すその他さまざまな非言語的態度の観察と留意が必要である）

　こうした重要な意味やメッセージが込められている可能性のある非言語的態度は，心理支援者による傾聴によって，次第に言葉で表現されるようになるか，あるいは鎮静化していくかもしれない。もしも変化が見られないときには，安全なかたちでその意味やメッセージを問いかけたり，明確化することも必要になることがある。

B.　インテークの作業

　初期の段階では，インテークと呼ばれるクライアントから主要な情報を収集する作業が不可欠である。上に述べた良好なコミュニケーションを保ちながら，心理支援にとっての重要な情報を聞き取る必要がある。聞き取る必要のある主な内容を以下に示す。

　1．来談の理由と主訴：インテークにおいて確認する必要のある内容で最も重要なものは，クライアントが心理支援を受けようと思った来談の理由である。「どのようなことでいらしたのですか？」「ご相談の内容はどのようなものですか？」といった問いかけに対してクライアントが語る内容がそれに該当する。簡潔に述べられる場合もあれば，かなり長い語りとして話されることもある。いずれにしても，クライアントの語りや気持ちを十分に受けとめて傾聴する必要がある。クライアントの来談理由の中心的な訴えを「主訴」と言う。インテーク記録に主訴を記載する際には，なるべくクライアントが使った言葉を用いて簡潔に記述する。主訴が複数ある場合もあれば，最初の訴えは仮のもので，その後本当の主訴が語られることもあるので，良好なコミュニケーションを保ちながら柔軟に聞き取ることが大切である。

2．**問題歴と現状**：次に，主訴である問題がいつ頃からどのように生じ，どのような経過をたどって，現在はどのような状態にあるのかを聞き取る。「その問題が始まったのはいつか」「それ以前には何か徴候があったのか」「その問題が生じたことには何か原因やきっかけがあったのか」「その問題はその後どのような経過をたどってきたのか」「現在はどのような状態か」といったことが主な問いかけになる。問題の種類によっては，さらに具体的に，問題の発生回数や頻度，増減の波，問題に影響する事柄，問題から派生する事柄などについて尋ねる必要がある場合もある。

　3．**生育歴と家族歴**：主訴に関連する問題がクライアントの育ちや家族関係と結びついているような場合には，生育歴や家族歴を把握しておく必要がある。生育歴を詳細に確認する場合には，幼少期（学齢期以前）・児童期（小学生時代）・思春期（中高生時代）・成人期（大学生時代や社会人など）に区切って聞き取ることもある。また家族歴についても，現在の同居家族の情報を中心にとらえつつ，詳細に聞き取る場合にはジェノグラム（第 10 章の**エクササイズ 10.1 参照**）などを活用して，同胞および父母（とその兄弟姉妹）と祖父母の計 3 世代の家族情報を収集する。

　4．**相談・治療歴や他機関との関係**：クライアントのこれまでの相談歴や医療機関での治療歴なども重要な情報である。これまでに，そして現在，相談歴や治療歴があるかどうかを確認し，ある場合にはどのような内容の支援や治療を受け，どのような経過をたどったのか，現在もそれは継続中であるのかを聞き取る。精神疾患などで治療中であり，そのクライアントに主治医がいる場合には，主治医からの心理支援に関する許可や指示を受ける必要がある。

　5．**ニーズや目標**：クライアントのニーズ，心理支援への動機づけや期待，心理支援による目標（短期的なものと中長期的なものを分けて聞くことが多い），心理学的支援法の内容や形態・期間・料金などの希望などについても聞き取る必要がある。

　6．**そ　の　他**：心理テストなどを実施した場合にはその結果や，外部の相談機関・医療機関などからの情報，家族や関係者からの情報などがある場合には，インテーク時にクライアント本人から聞くことができた内容とあわせ

第11章　心理学的支援法のプロセスと実際　153

て，今後の支援の方針を立てるうえでの重要な資料となる。また，初期に来談するのがクライアント本人ではなく，家族や関係者の場合もあるので，そうしたときには家族や関係者のインテークに加えて，クライアント本人とインテーク面接を実施する可能性や方法を工夫しなければならないだろう。

エクササイズ 11.1：インテークの実習

　近くの人とペアになり，クライアント役とインテーカー役を決めて，15〜20分ほどの時間をとってインテーク面接の実習をやってみよう。インテーカー役は，良好なコミュニケーションに留意しながら，上記の項目をクライアント役から聞き取っていく。クライアント役は最近の自分の問題（あるいは授業担当者が配布したシナリオ）について語る。インテーカー役は内容を聞きながらメモし，面接終了後にインテーク記録を5〜10分程度でまとめる。その後で，記録した内容の正確さをクライアント役と話し合ってみよう（時間があればペアを交替して同じ作業を行う。なお，シナリオでない場合にはプライバシーに配慮すること）。

C．プライバシーの配慮をはじめとした倫理

　初期の段階からの重要な留意点としては，クライアントや関係者のプライバシーの配慮をはじめとした倫理的な事柄がある。

　1．守秘義務とプライバシーの配慮：公認心理師や臨床心理士には守秘義務が課せられており，心理支援の業務で知りえたクライアントや関係者の個人情報やプライバシーを，当事者の了解なく公開することはできない。50分前後といった長時間の面接によって実施されることの多いカウンセリング／心理療法では，クライアントの個人情報やプライバシーを深く知りうる場合が多く，その取り扱いには格段の配慮が求められる。

　ただし，クライアントや関係者に自傷他害のおそれがある場合はその限りではなく，例えば児童虐待の事実を知った場合には，児童相談所や警察など関係する公的機関に通告しなければならない。また，心理的問題や苦悩が深刻な場合ほど，協力して支援を行う他の関係機関との緊密な連携が求められ

ることも少なくない。心理支援に伴う守秘義務とプライバシーの配慮は，このようにきわめて高度で微妙なバランスの上に成り立つものであり，心理支援者の高い倫理観と行動規範が求められるところである。

2．インフォームドコンセント（▶「用語集」）：インフォームドコンセントとは，「正しい情報を伝えられたうえでの合意」を意味する概念である。カウンセリング／心理療法などの心理学的支援法においては，クライアントが支援の内容や方法，効果，期間などについて十分な情報提供を受け，クライアント自身の意思に基づいて提案に同意することであると言える。こうしたインフォームドコンセントに基づいて，心理学的支援法による支援の契約が結ばれ，継続するセッションを実施する場合でも，安全で協働的な設定のもとに心理支援が実施されることになる。

3．そ の 他：そのほかに，心理支援者が遵守すべき倫理としては次のことがあげられる（金沢，2006）。

- 対象者を傷つけない，傷つけるような恐れのあることをしない。
- 十分な教育や訓練によって身につけた専門的な行動の範囲内で，対象者の健康と福祉に寄与する。
- 効果について研究の十分な裏づけのある方法を用いる。
- 相手を利己的に利用しない。心理支援の役割と同時に他の役割をとるような多重関係を避ける。
- 人々の多様性を尊重し，あらゆる人を公平に扱い，社会的な正義と公平・平等の精神を具現する。

(2) 探究の段階

継続的な心理支援のセッションを実施する場合，初期の段階を経た後で，クライアントは自分が抱える心理的問題や苦悩の成因や意味や解決・軽減の方向性などをどのようにとらえたらよいか，一方で心理支援者はクライアントの問題や苦悩をどのように理解し，どのようにアプローチしていけばよいか，といった探究の段階へと移っていく。

こうした探究の段階での主な作業と留意点をみてみる。

第 11 章　心理学的支援法のプロセスと実際 155

A．アセスメントとケースフォーミュレーション

クライアントの問題の成因や状況，予後などを見立てるアセスメントは，初期の段階から始められるが，問題が深刻で複雑である場合には，複数回の面接や心理テストの実施などによって，その後も入念な作業を行う必要がある。心理支援におけるアセスメントは，医学的な診断とは異なり，いわゆる病名を名づけるような作業ではなく，広い意味での人間の心（感情や認知，行動を含む）に関する問題や苦悩についての心理学的な見立てを行うことが主な課題となる。

近年では，アセスメントを心理学的支援法の適用と有機的に結びつけるために，**ケースフォーミュレーション**（▶「用語集」）という枠組みの中に位置づける考え方が広がってきている。

**実践への示唆 11.1：総合的観点からのケースフォーミュレーション
のフォーマット**

以下は，総合的観点からのアセスメントとケースフォーミュレーションを行う際に用いるフォーマットの例である。

1．概括的情報

①クライアント情報（年齢，性，所属，来談経路，他機関への来談／受診，ほか）

②主訴／発生している問題

③問題歴／生活歴／生育歴

④現在の状況（家族構成，生活環境，所属先〈学校や職場など〉の状況，対人関係，ほか）

⑤援助の目標／クライアントによって語られた目標

⑥その他

2．クライアントがもつ基底的要因についての情報

①器質的要因（障害の有無，既往歴，ほか）

②養育／発達環境（虐待／ネグレクトの有無，養育者が抱える問題，ほか）

③心理学的アセスメント（知能検査／心理検査／その他のアセスメントの結果，ほか）

④医学的情報（診断名，DSM/ICD によるアセスメント，病態水準，ほか）

⑤その他

3．認知行動的観点からのアセスメントとフォーミュレーション

①行動（問題行動，未学習／誤学習，スキル，ほか）

②感情／情動（問題となる情動，情動の強さや波，ほか）

③認知（自動思考，スキーマ，ビリーフ，認知的フュージョン，ほか）

④問題の発生状況（誘発刺激，強化子，般化，ほか）

⑤その他

4．精神力動的観点からのアセスメントとフォーミュレーション

①発達（発達上の問題，固着，退行，自我の発達，ほか）

②防衛機制（防衛スタイル，防衛の水準，ほか）

③対象関係（対象関係の問題，アタッチメントスタイル，対象表象の水準，ほか）

④治療／作業同盟（同盟の強さ／質，同盟の悪化，転移・逆転移，ほか）

⑤その他

5．パーソンセンタード／ヒューマニスティックな観点からのアセスメントとフォーミュレーション

①自己と他者（自己概念／自己受容／自己肯定感，他者との関係／他者受容，ほか）

②体験過程（体験過程の水準，フェルトセンスへのフォーカシング，ほか）

③意味／価値（人生の意味／価値，欲求の段階，スピリチュアルな側面，ほか）

④セラピー関係（自己の伝達／自己開示，支援者との人間的相互作用，セラピーにおける協働，ほか）

⑤その他

6．他の理論的観点からのフォーミュレーション

①システム論的観点（家族のコミュニケーション／システム／構造，ほか）

②ナラティブ的観点（ドミナントストーリー，ほか）

③エスノセラピー的観点（森田療法的観点，内観療法的観点，ほか）

④その他

7．プロセスについてのフォーミュレーション

①セッション数（現セッション数／終結までに要するセッション数，ほか）

②プロセスの段階（初期／探究期／展開期／終結期，ほか）

③プロセスの進展（進展の促進要因，進展の阻害要因，ほか）

④終結（終結の見通し，ドロップアウトの可能性，ほか）

⑤その他

8．ケースフォーミュレーションのまとめ

①ケースの本質的な問題

②クライアントがもつ強みと弱さ

③支援の計画と見通し

④支援者のあり方について

⑤その他

B．適切な支援法の選択

探究の段階におけるいまひとつの重要な作業は，クライアントにとって適切な支援法を考え，提供することである。クライアントの問題，苦悩，主訴，そしてニーズはさまざまなので，どのような支援法が適切であるかを的確に判断することが求められる。

1．心理学的支援法の適切性の判断：クライアントの問題やニーズにとって心理学的支援法による心理支援が適切であるかどうかの判断は，初期から探究の段階の中で，できれば早期に行われることが望ましいと言える。心理学的支援法の特質については第2章でみたが，クライアントのニーズがそうした特質と適合するものであるかどうかを考える必要がある。

2．他機関等へのリファー（委託・紹介）：クライアントを他機関等へリファー（委託・紹介）する必要がある場合もある。そのためには，クライアントのニーズに応じた委託・紹介先の情報やネットワークを確保しておかねばならない。また，リファーはクライアントや関係者との十分な話し合いや合意のうえに行うことが大切であり，見捨てられた・たらい回しにされたといった思いをクライアントに抱かせないように留意する必要がある。

3．適切な心理学的支援法の選択：心理学的支援法を用いた心理支援を継続して提供する場合，どの心理学的支援法を，どのような目的で，どのくらいの期間実施するかの判断をする必要がある。その判断にとっても，クライアントとの対話と協働が重要な作業となる。支援法の選択においては，**適性**

処遇交互作用（ATI）（▶「用語集」）という観点が手がかりになる。適性処遇交互作用とは，クライアントの適性に応じた介入が選択・提供されるべきであるという考え方であり，先にみたケースフォーミュレーションの作業に基づいて支援法の適切性を検討・判断していくのである。ただし，クライアントのニーズは状況によって変化していくものでもあり，適性処遇交互作用の観点はリジッド（固定的）に用いられるよりも，支援の柔軟性や総合性のために活用されるべきであると言える。

（3）展開の段階

心理学的支援法がクライアントに，適切なかたちで十分に提供されるためには，どのような提供の仕方や方法があるだろうか。また，そうした心理支援がクライアントによりよい方向での進展や展開をもたらすためには，どのようなことに留意すべきであろうか。

A．個人的心理支援

カウンセリング／心理療法をはじめとした心理学的支援法の中心的な方法はクライアントとの一対一の関係による個人的な心理支援である。パーソンセンタードセラピー，ヒューマニスティックセラピー，精神力動的セラピー，認知行動療法，あるいはその他の心理学的支援法のうちのどの理論・方法を用いるにしても，クライアントとの信頼関係に基づく安全で意味ある支援が提供される必要がある。そのためには，用いる理論・方法についての十分なトレーニングを受けて，その方法の提供に習熟し，またスーパービジョンやカンファレンスなどを通して，よりよい支援ができるように研鑽を積むことが大切である。

継続する個人的心理支援は，用いる理論・方法によっても，またクライアントの主訴やニーズの種類によっても，その目標や課題，期間などはさまざまなバリエーションがある。用いる理論・方法の特徴を十分に理解し，その限界や留意点なども自覚しておかねばならない。

第 11 章　心理学的支援法のプロセスと実際 | *159*

> ### 関連トピック 11.1：カウンセリング／心理療法の中で生起するプロセス
>
> 　カウンセリング／心理療法という個人的な心理学的支援法の中では，どのような現象やプロセスが生起するのだろうか。筆者（末武，2016）は実際のケースの分析から，クライアントに効果をもたらした支援の中では，次のようなプロセスが生起することを明らかにした。
> 　**1．非律動的な反復**：主訴や苦悩といった，非律動的で混乱した心身的な表現が反復される。
> 　**2．鎮　静　化**：カウンセラー／セラピストの働きかけによって，非律動的な反復に鎮静化がもたらされる
> 　**3．閃　　　光**：鎮静化の中で自己探究が深まると，クライアントにとって新鮮な細部をもった象徴的な気づきが生じる。
> 　**4．調　　　律**：いくつかの気づき（閃光）が響き合い，他の問題や事柄の理解へ調律的に広がり，気づきや変化の連鎖が生起する。
> 　**5．律動的個体化**：クライアント自身にとっての律動的な心身の表現が個性的に姿を現す。

B.　家族や関係者への支援

　ケースによっては，クライアントへの個人的支援にとどまらず，その家族や関係者への支援が求められることもある。例えば，クライアント（心理に関する支援を要する人）が未成年で幼い場合や，何らかの障害や疾患などで直接的な個人的支援が難しいような場合などである。あるいはクライアントへの個人的支援と同時に家族や関係者への支援が必要とされるケースも少なくない。こうしたケースに対しては，どのような枠組みや方法を用いることが可能であり，またそこではどういったことに留意すべきだろうか。

　1．クライアントの親や家族への支援：例えば，子どもへのプレイセラピーを実施する際には，並行してその子の親（保護者）への支援を行うことが通例である。その場合には，子ども担当のセラピストと親担当の支援者が

役割を分担し，親子への並行支援を行う。同様に，不登校の相談などでも親子への並行面接が実施されることが多い。こうした場合，親（保護者）に対して心理支援の目的や方法を十分に理解してもらい，安全かつ効果的に心理学的支援法が実施できるように協働的な関係を構築することが大切である。

　また，家族療法的な方法を用いるようなときには，親以外の家族メンバーへの働きかけも行われる。その際にも，家族メンバーに心理支援の理解と協力を得ることが重要な事柄になる。

　2．関係者への支援とコンサルテーション：クライアント（心理に関する支援を要する人）の関係者は家族にとどまらない。児童生徒の場合には担任をはじめとした学校の教職員，社会人の場合には上司や管理者等，クライアントの心理的問題や心理的苦悩に対する何らかの責任を有する第三者も関係者であると言える。こうした関係者への支援の方法は**コンサルテーション**（▶「用語集」）として展開されている。コンサルテーションとは，クライアントに直接関わっている関係者（コンサルティ）に対する支援の枠組みと方法のことである。そこでは，コンサルティ個人の内的な問題を扱うのではなく，コンサルティの専門性や考え方を尊重し，それを活かすかたちでの助言や支援を行うことが基本となる。コンサルテーションを効果的に実施するためには，クライアントに関わるさまざまな立場の人たちの専門性や考え方を十分に理解し，対等で協働的な関係を築くことが大切である。

C．アウトリーチ（訪問による支援）

　心理支援において，相談室や面接室における個別支援や関係者支援を行うだけでなく，家庭訪問や問題が生じている現場への訪問による支援を実施する必要があることもある。例えば，さまざまな理由や事情で相談室などへの来談が困難な場合や，家庭や現場での緊急な対応が求められるような場合などである。こうした訪問による支援の方法は**アウトリーチ**（▶「用語集」）と呼ばれる。アウトリーチの方法はソーシャルワークの分野で発展し，地域福祉や地域精神保健の活動の主要な方法として実践されているものである。心理支援においてはスクールカウンセリングにおける家庭訪問や，災害現場や避難地域への訪問相談などで活用されている。アウトリーチは相談室で来談を

待つというやり方では支援することが難しいケースに対して，より広く心理支援を提供しようとするものであり，その活動の意義は大きい。ただし一方では，いわゆる侵襲性が高い支援であるとも言えるので，クライアントや家族，関係者との関係性の築き方や，当事者の心情や意思や選好などに十分に配慮して実施することが大切である。

D．危機介入と心のケア

クライアントにトラウマをはじめとした深い心理的なショックやストレスなどが生じていたり，自殺企図などの深刻な危機的状態がみられるときには，**危機介入**（▶「用語集」）をはじめとした心理支援を提供する必要がある場合もある。危機介入とは，対処の限界を超えた危機的な状況にある人に対して，迅速かつ即効的な対応をして，危機を回避させると同時に，その後の適応をはかる支援のことである。心理学的な支援法としては，例えば心理的応急措置（PFA: psychological first aid）といった方法があり，次の点を重視した支援を行う（日本心理臨床学会支援活動プロジェクト委員会，2010）。

1．安全と安心感を確立する
2．その人が元来もっている資源を活かす
3．ストレスに関連した反応を軽減する
4．適応的な対処行動を引き出し，育てる
5．自然な回復力を高める
6．役に立つ情報を提供する
7．救援者ができることとできないことを明らかにし，適切な紹介をする

また近年では，病気や事故，犯罪，災害などで危機的状況を経験したために起こる心身の問題を予防したり，その回復を支援したりする活動の総称として心のケアという用語が広く用いられるようになっており，公認心理師や臨床心理士といった心理支援者には，こうしたケアを専門的に行う役割が求められている。

E．心理教育（心の健康教育）

心理学的支援法において用いられる支援や介入のその他の方法としては，

心理学的な重要な知見をクライアントや関係者に教える，心理教育と呼ばれる方法がある。心理教育は，精神疾患等の受容しにくい問題や困難に理解を深め，対処法を学んでもらうための当事者や家族・関係者の教育から，学校やコミュニティにおける心のケアや心理的健康の増進のための教育まで，幅広い分野で活用されている。重要な点は，心理学的・臨床心理学的な知見を個人や家族，学校などのコミュニティのウェルビーイングのために活用することであり，そのための内容や教授法，コミュニケーションなどが十分に工夫される必要がある。

　例えば，学校における心の健康教育の内容としては，次の事項が考えられる（石隈，1999）。

　１．自分に対して：自己の感情・認知・行動，自己の強み・弱さについて適切に理解する。自己を受容し，自己肯定感を保つ。ストレスに対処し，感情（怒りなど）をコントロールする。

　２．他者・集団との関係：適切に自己主張し，必要なときに支援の要請ができる。家族のメンバーとして適切な行動ができる。集団と適切な折り合いをつける。自他の多様性・多文化を理解する。

　３．学習・進路の課題：自分の学習スタイルを理解し向上させる。自己の能力や適性を理解し，キャリアにおける意思決定ができるようになる。進学や転校など移行時の課題やストレスに対処する。

　４．心身の健康について：心身の健康状態について理解する。心身の障害や疾病について理解する。

　５．危機対処：問題状況を解決する。失敗・挫折から学び，回復できる。人生の危機に対処できる。自他の死について適切にとらえる。

（4）終結の段階

　心理支援はどのように終結するのだろうか。その目安や留意点，終結後のフォローアップなどについて考える。

A．終結の目安
　心理支援の終結の目安としては，次のことがあげられる。

1．主訴や問題の解決・解消：当初語られた主訴や，抱えていた問題が解決あるいは解消される。完全な解決までは得られなくても，ある程度の軽減によって終結に至ることもある。

2．目標の達成：心理支援の目標となっていた事柄が達成され，その状態がそれ以後も維持されると考えられるときには，心理支援の終結が話し合われる。短期的な目標としていたことが達成された場合に，中長期的な目標達成に向けて支援を継続するか，いったん終結してフォローアップに委ねるかは，クライアントのニーズを確認しながら話し合う必要がある。

3．問題の受容・自己受容：解決や解消が困難な主訴や問題であっても，心理支援を通して主訴・問題を受け入れられるようになる場合，そのことは終結の目安であると言える。また，問題だけでなく，いろいろな特徴や強さ・弱さをもっている自分自身を受容できるようになることも，心理支援の意味ある成果である。

4．行動変容・対人関係の改善：具体的な行動に変容が生じた場合や，問題となっていた対人関係が改善された場合，そのことは心理支援の終結の目安となることが多い。

5．心理社会的な機能の改善や人間的成長：適応性，学業，生産性，社会性など心理社会的な機能の改善や向上，自分や周囲をより肯定的にとらえ，より幸福な日々が送れるような人間的成長なども，心理支援によってもたらされうる成果であり，終結の目安であると言える。

B．終結の手続き

　カウンセリング／心理療法をはじめとする心理支援の終結は，原則的には支援者とクライアントの両者の話し合いと合意により決定される。家族や関係者などが心理支援に何らかのかたちで関与していたり，その成り行きを見守っていたような場合には，こうした関係者との話し合いや合意が必要な場合もある。

　安全な終結のためには，終結の時期についてスケジュールを立てて，そこまでの何回かのセッションにおいて心理支援の効果や，終結しても大丈夫かどうかの確認，終結後のフォローアップなどについて十分に話し合う時間を

もつことが望ましい。

　ただし，何らかの事情やクライアント（あるいは家族など）の都合で，突然に終結が訪れるようなケースもある。その場合にも，可能な範囲で終結後のフォローアップなどについて話し合い，支援の可能性がその時点でなくなってしまわないように配慮すべきであろう。また，場合によっては，中断（ドロップアウト）に終わるケースもある。中断に至ったプロセスや要因を精査し，必要があれば再来談の連絡をしたり，他の専門機関へのリファーの情報を提供することなどが求められることもある。スーパービジョンやカンファレンスなどを通して適切に判断することが大切である。

C. フォローアップ

　心理支援の終結後，クライアントの状態や予後を確かめる作業がフォローアップである。来談してもらっての単回の面接を行うこともあれば，電話や手紙，メールなどを通して確認する場合もある。終結時の良好な状態が維持されていれば特に手当ては必要ないが，もしも状態に後戻りがみられたり，新たな問題が生起しているときなどは，心理支援を再開するか，他の支援法へのリファーを勧めるかなどの対応を考える必要がある。

発展課題

　実際の心理支援はどのようなプロセスをたどるのだろうか。例えば，ロジャーズのケース（「ハーバート・ブライアンのケース」Rogers, 1942 邦訳2005a），あるいは専門誌（『心理臨床学研究』『カウンセリング研究』など）に掲載されている事例論文を取り上げて，そのプロセスの進展について考察してみよう。

──────────● **理解度確認テスト**（第 11 章）●──────────

問１．次の文中の空欄に入る適切な語句を，a～f の中から選びなさい。
　(1) インフォームドコンセントとは，「正しい〔　1　〕を伝えられたうえで

の合意」を意味する概念である。カウンセリング／心理療法などの心理学的支援法においては，クライアントが支援の内容や方法，効果，期間などについて十分な情報提供を受け，クライアント自身の〔　2　〕に基づいて提案に同意することであると言える。

(2)〔　3　〕教育とは，心理学的な重要な知見をクライアントや関係者に教える方法である。精神疾患等の受容しにくい問題や困難に理解を深め，対処法を学んでもらうための当事者や家族・関係者の教育から，学校やコミュニティにおける心の〔　4　〕や，心理的健康の増進のための心の〔　5　〕教育まで，幅広い分野で活用されている。

　　a．健康　b．意思　c．情報　d．知識　e．ケア　f．心理

問2．次の文章6〜10のうち正しいものには○，誤っているものには×を記入しなさい。

6．ケースフォーミュレーションとは，アセスメントで得られた情報に基づいて，問題の発生，問題の持続，問題の改善等の要因やプロセスについての仮説を立て，支援や介入に反映させる枠組みである。〔　　　〕

7．適性処遇交互作用（ATI）とは，クライアントの適性に応じた介入が選択・提供されることで，より効果的な支援が可能になるという観点である。〔　　　〕

8．コンサルテーションとは，クライアントに直接関わっている関係者（コンサルティ）に対する支援の枠組みと方法である。コンサルティ個人の内的な問題を重視し，コンサルティの専門性や考え方よりも心理的側面を重視した助言や支援を行う。〔　　　〕

9．アウトリーチとは，相談室などへの来談が困難な場合や，家庭や現場での緊急な対応が求められるような場合などに行われる，訪問による支援の方法のことである。〔　　　〕

10．危機介入とは，対処の限界を超えた危機的な状況にある人に対して，迅速かつ即効的な対応をして，危機を回避させると同時に，その後の適応をはかる支援のことである。〔　　　〕

第 12 章
心理学的支援法をさらに学ぶために

> **学習のポイント**
> • 理論や方法についての知識的学習をさらに深めるために。
> • 演習と実習による体験学習について。
> • 実践現場におけるトレーニングについて。

　本書では，カウンセリングと心理療法を中心とした心理学的支援法について，その特質や歴史的発展，主要な理論，方法，プロセスなどについて考察してきた。ここまでの解説を通して，心理学的支援法がきわめて多様な考え方や理論，方法によって成り立っていることを理解してもらえたと思う。どのような専門分野も同様であるが，その専門的な理論と方法を修得するには相当の学習とトレーニングが必要であり，一朝一夕に身につくものではない。

　そこでこの最終章では，これまでの本書を通した学習を基盤として，これからどのように学びや体験学習，トレーニングなどを積み重ねていけばよいか，その道筋を示す。もちろん，心理学的支援法を学ぶ道筋にはひとつの決まったものがあるわけではない。以下の内容を手がかりに，各大学や大学院，実践現場の指導者やスーパーバイザーの実際の指導を受けながら，各自の学びを深めてほしい。

1．理論や方法についての知識的学習

（1）大学および大学院における授業を通して

　公認心理師の資格を取得しようとする場合には，演習・実習以外に大学で23科目，大学院で9科目の必修科目を履修することが求められている。このうち，大学の科目では，心理学的支援法と関連の深い「実践心理学」の領域において，健康・医療心理学，福祉心理学，教育・学校心理学，司法・犯罪心理学，産業・組織心理学が必修となっている。これらの科目によって，主要な分野において心理学的支援法がどのように活用されているかを学ぶことができる。他の公認心理師の必修科目とあわせて，まずはこうした授業科目で心理学的支援法の実践的で応用的な側面を詳しく学んでほしい。さらに大学院では，心理支援に関する理論と実践をはじめとした，より専門的な科目が必修となっているので，それらの科目を通して心理学的支援法のさらに詳細な内容を学習することになる。

　ただし，公認心理師の必修科目だけでは，さまざまな心理学的支援法の理論的観点や方法を深く学ぶことはできない。公認心理師科目以外に各大学や大学院のカリキュラムに用意されている，カウンセリングや心理療法に関する科目，精神分析や精神力動的セラピー等の科目，認知行動療法に関する科目，さらにコミュニティ心理学，グループアプローチ，異文化心理学といった科目を履修し，心理学的支援法のさまざまな理論や方法の特徴について学ぶことが重要である。

（2）テキストや原著を通して

　本書以外にもカウンセリングや心理療法など心理学的支援法に関するテキストは数多く公刊されている。本書のような心理学的支援法全般に関する解説書だけでなく，パーソンセンタードセラピーや精神力動的セラピー，認知行動療法など，ある理論や方法について専門的に書かれたテキストに学ぶことも大切である。

　またできれば，心理学的支援法の基礎を構築してきた主要人物の原著（ま

ずは翻訳からでもよい）にチャレンジすることも勧めたい。例えば『ロジャーズ主要著作集』『フロイト全集』『ユング・コレクション』などである，パールズ，エリス，ウォルピ，ベックの著作なども翻訳で読むことができる。原著を読むことで，テキストや解説書からは得られない，理論や方法の正真正銘の説明に触れることができる。

2．演習と実習による体験的な学習

（1）演習による体験的な学習

　本書の中にも，体験的な学習のためのエクササイズを各章に設けたが，実践的で臨床的な活動としての心理学的支援法は，座学による知識的な学習だけでは修得することが難しい。ゼミや演習といった授業形態の中で，次のような体験的な学習を積み重ねることが必要である。

A．さまざまなエクササイズによる学習
　本書の中にあげたエクササイズのほかにも，心理学的支援法を学ぶための体験学習の方法や素材はたくさんある。それぞれの心理学的支援法には，その方法を学ぶためのトレーニング法やエクササイズなどが開発され活用されているので，それらをアレンジすることでゼミや演習で体験学習やディスカッションを行うことが可能である。なお，すべての体験的な学習に共通することだが，個人情報やプライバシーの保護や配慮には学習に関わる全員が留意し，安全に体験学習ができる場づくりをすることが大切である。

B．ロールプレイによる学習
　心理学的支援法に関する体験的な学習の中心に位置づけられるのは，クライアント役と支援者（カウンセラー／セラピスト）役を設定したロールプレイであろう。実際のクライアントの支援に携わるまでに，数多くのロールプレイとその検討による学習を通して，支援のスキルを高めることが必要である。また，ロールプレイでクライアント役を体験することは，実際に来談す

第 12 章 心理学的支援法をさらに学ぶために | *169*

るクライアントの心情や立場を理解するためにも重要なものである。ロールプレイとその振り返りのディスカッションを通して，心理支援にとって求められる良好なコミュニケーション，適切な支援の提供，遵守すべき倫理などを体験的に学ぶことが求められる。

C. 試行カウンセリングの実施と検討

ロールプレイによってある程度の心理支援ができるようになったら，実際のカウンセリングの形式に近いかたちで試行（トライアル）カウンセリングを体験することが必要である。試行カウンセリングでは，クライアント役を引き受けてくれた人と複数回（例えば，インテークを含めて1回50分計4回など）のセッションを実施する。場所は相談室やゼミ室などを借りることが望ましい。クライアント役に了解を得て，できればすべてのセッションで録音をとり，各回の面接記録を作成し，重要な箇所は逐語に起こす。全セッション終了後に，面接記録・逐語記録に考察を加えて，全体の経過をゼミや演習で報告し，ディスカッションの素材にするのである。

クライアント役には事前に，面接記録・逐語記録をゼミ等で検討素材にすることについて了解をとる。また，記録はすべて個人情報に配慮したかたちで提示し，報告後は資料を回収して裁断するなど，倫理的な配慮もあわせて学ぶことが重要である。

（2）実習による学習

心理学的支援法を学ぶには，実際の心理支援が行われている実践現場での実習による学習が必須となる。公認心理師のカリキュラムでは，大学で計80時間の心理実習，大学院で計450時間の心理実践実習が必修となっている。実習の現場としては，保健医療，福祉，教育，司法・犯罪，産業・労働分野などがあるが，なるべく複数の領域で心理支援に関する実習を行うことが望ましい。実習での学習の内容としては，主に次のことが考えられる。

A. 見学や観察などによる学習

まずは，実践の現場の実態や特徴などを知るための見学である。現場の全

体の構造や社会的役割，各専門職の職務内容などを詳しく知ることで，そこで心理支援がどのように実践されているのかを学ぶことができる。見学とは言っても，一般には公開されていないような内容や側面に触れることになるので，プライバシーへの配慮など，しっかりとした倫理意識をもって臨まなくてはいけない。

　見学とあわせて，実際の心理支援に関する場面を観察する機会が与えられることもある。電話対応の場面や，**デイケア**（▶「用語集」）などのグループでの支援の場面，あるいは**ケースカンファレンス**（▶「用語集」）などに同席させてもらえるかもしれない。こうした実践活動の観察は，現場の臨場感や緊張感を肌で知る貴重な機会となる。

B. 補助的な役割遂行による学習

　実践現場との関係が密になってくると，心理支援に関する補助的な役割遂行が次第に求められるようになる。ケースカンファレンスで発言をうながされたり，電話対応や，日常的な場面でクライアントや患者と接触する機会が増えたりするだろう。そうした機会を主体的に活かして，良好なコミュニケーションの形成や，プライバシーへの配慮，さまざまなかたちでの心理支援のあり方を学ぶことが大切である。また，他専門職の人たちとの交流や，実践現場とコミュニティとの関わり合いなど，連携やチーム支援の実際について広い視野から体験的に学習することも求められる。

C. インテークや面接の担当

　心理支援に関する実際のケースを担当するようになるのは，主に大学院での心理実践実習においてであろう。まずは陪席によるトレーニングを積み重ねて，専門家としての心理支援者がどのような面接や支援を行っているのかを学ぶ必要がある。そのうえで，専門家による指導のもとに，少しずつインテーク面接や，支援のためのカウンセリング面接を担当していくことになる。まずは自分がやれる範囲のことを行い，指導を受けながらやれることを少しずつ広げ，また深めていく。そのためには，実習の記録を丹念に作成し，自分が体験したことを絶えず振り返ることが大切である。実習指導者か

らの指導や，カンファレンスでのディスカッションに真摯に耳を傾けて，吸収できることを自分のものにしていく積極的な姿勢が求められる。

3．実践におけるトレーニング

　資格を取得し，実践現場で専門家として仕事に従事するようになっても，学習とトレーニングは続く。心理支援の専門家としてクライアントや対象者によい支援を提供することができ，周囲から一人前の心理支援者として認められるには，長い時間と地道な研鑽が必要だからである。心理学的支援法を学び始めた初学者の人たちにはイメージするのが難しい面もあるかもしれないが，実践と結びついたトレーニングの実際について，その主要な内容を示しておく。

（1）事例検討に取り組む

　専門家としての心理支援者に求められる学びとトレーニングの中心に位置づけられるのは，自分が担当するケースについての**事例検討**（▶「用語集」）である。

　毎回のセッションごとに，その内容についての面接記録をとり，継続セッションの途中で，あるいはケースの終結後に，その面接記録を読み返すことでプロセスを振り返る。そうすることで，心理支援者として何ができており，何ができていないのかを検討し，それ以後のセッションやケースに活かしていくのである。

　ケースを振り返り，事例検討を行うことで，心理支援の営みやプロセス，自分自身のあり方についての反省的思考が可能となり，自分を向上させていくことができる。事例検討は，専門家としての心理支援者が絶えず自らに課さなくてはいけない必須のトレーニングであると言える。

実践への示唆 12.1：事例報告をどのようにまとめるか

自分が担当したケースをカンファレンスやスーパービジョンに提出して検討する場合には，事例の全体を的確に要約し，考察を加えた事例報告にまとめる必要がある。以下に，事例報告をまとめる際の様式の例を示す（記載にあたってはプライバシーに十分に配慮する必要がある。また，クライアントの同意を得ること）（末武，2007）。

事例報告〈参考例〉

タイトル

事例報告者（氏名，所属，立場等，必要に応じて）

Ⅰ．事例の概要

クライアント（実名は書かずにアルファベットで記載，属性，来談経路等）

主　訴

来談までの経緯（問題歴，生活歴，生育歴等，必要に応じて）

来談時の状況（家族構成，社会的状況，その他の生活状況，対人関係，援助資源等，必要に応じて）

所見・方針等（クライアント像，アセスメント，見立て，方針，留意点等）

契約・設定等（目標，場所，時間，回数，有料か否か等）

Ⅱ．カウンセリングの経過

第Ⅰ期　○○の時期（#I〜 #6）（面接回数が少ない場合は期に区分する必要なし）

#I（X年 II 月第 3 週）

面接の概要，やりとりの要約を記述する。重要なやりとりは「クライアントの発言」〈カウンセラーの発言〉で具体的に記載する。カウンセラーの印象や所感は（　）か，＊等の印をつけて書く。

#2（X 年 II 月第 4 週）

（なお，家族面接やコンサルテーションの実施については，個別面接の回数の中には入れずに，別途「配偶者との面接（第 I 回）」といったかたちで記載する）

第 2 期　○○の時期（#7〜 #11）（面接回数が多い場合は複数回の面接を要約して記述することもある）

#7（X＋I 年 I 月第 4 週）

第 12 章　心理学的支援法をさらに学ぶために　*173*

Ⅲ. 考　察
プロセス，成果，課題，要検討点などを記載する。

(2) スーパービジョンを受ける

　ケースを振り返り，事例を検討する際に，自分ひとりで行えることには限界がある。客観的に振り返っているつもりでも，思い込みやバイアスから抜け出るのが難しい場合も多々ある。そうならないために必要なのは，すぐれたスーパーバイザーをもち，ケースについてスーパービジョンを受けることである。自分が働いている分野の問題やケースへの対処に熟練し，親身に指導にあたってくれるスーパーバイザーの存在は，心理支援者の成長や向上に必須なものである。よき心理支援者には，よきスーパーバイザーの存在がある，と言っても過言ではないだろう。

(3) 心理支援者としての成長と CPD（継続的専門職能力開発）

　さまざまな専門分野で，近年，**CPD（継続的専門職能力開発）**（▶「用語集」）の重要性が指摘されるようになっている。これは，専門的な資格を取得後，学習やトレーニングを継続することによってその専門職としての能力を発展させる機会のことである。心理支援者も，資格取得がゴールなのではなく，それをスタート地点と考え，継続的な専門職としての能力開発に取り組んでいくことが重要である。CPD の具体的な内容としては，事例検討やスーパービジョンのほかに，資格取得後に生じるようになった諸問題や社会的な動向，さらに新しく発見あるいは提出された知見や新たに開発された方法を学ぶことなどがあげられる。

関連トピック 12.1：対人支援の専門職の成長段階
　対人支援の専門職の成長段階のモデルには，例えば次のものがある（ベナー，邦訳 2005）。

- 初 心 者（novice）：実習生など，初めて専門業務を体験するレベル（例：ほとんど何もできない）。
- 新　　人（advanced beginner）：資格を取得し，専門業務に携わるレベル（例：言われたことはできる）。
- 一人前（competent）：数年の経験を経て，専門業務をこなすことができるレベル（例：言われなくてもできる）。
- 中　　堅（proficient）：熟練した経験によって専門業務をこなし，新人などを指導できるレベル（例：指導者）。
- 達　　人（expert）：その専門分野のプロとして自他ともに認められるレベル（例：プロ中のプロ）。

　心理支援者の成長段階も，およそこのモデルが提示しているようなかたちで熟成されていくものと言える。そこで，このモデルの中のどこにその時々の自分を見出すかによって，その時点でのCPD（そのレベルや内容）の必要性が見えてくるだろう。

　心理学的支援法を学び続け，クライアントや関係者・周囲から信頼される心理支援者として認められるようになるには，長い道のりを歩んでいくことが求められる。

エクササイズ 12.1：自分の成長段階のイメージを描く

　「関連トピック 12.1：対人支援の専門職の成長段階」を読んで，これからの自分の成長段階のイメージを描いてみよう。自分はおよそ何歳頃に，どの成長段階に達しているだろうか，またそのためにはどのような学びや体験，トレーニングなどが必要だろうか。5〜10分ほどの時間をとって，自分で考えるか，近くの人と話し合ってみよう。

発展課題

　本書を通して学んだことと，今後学んでいかなくてはいけないことを整理し

第 12 章　心理学的支援法をさらに学ぶために　175

てみよう。特に，優先順位から考えて，自分が次に学ぶ必要のある事柄は何だろうか。それを学ぶ手段とスケジュールを明確にしてみよう。

●── 理解度確認テスト（第12章）──●

問1．次の文中の空欄に入る適切な語句を，a～fの中から選びなさい。
　(1) 公認心理師の必修科目としては，大学では，心理学的支援法と関連の深い「実践心理学」の領域において，〔　1　〕・医療心理学，福祉心理学，教育・〔　2　〕心理学，司法・犯罪心理学，産業・〔　3　〕心理学がある。
　(2) 心理支援の実習の現場としては，保健〔　4　〕，福祉，教育，司法・犯罪，産業・〔　5　〕分野などがある。
　　　　a．組織　　b．医療　　c．労働　　d．健康　　e．発達　　f．学校

問2．次の文章6～10のうち正しいものには○，誤っているものには×を記入しなさい。
　6．体験的な学習を行う場合，個人情報やプライバシーの保護や配慮には学習に関わる全員が留意し，安全に体験学習ができる場づくりをすることが大切である。〔　　　〕
　7．心理学的支援法に関する体験的な学習の中心に位置づけられるのは，クライアント役と支援者（カウンセラー／セラピスト）役のやりとりを客観的に評価する観察学習である。〔　　　〕
　8．試行カウンセリングにおいても，クライアント役には事前に，面接記録・逐語記録をゼミ等で検討素材にすることについて了解をとる。また，記録はすべて個人情報に配慮したかたちで提示し，報告後は資料を回収して裁断するなど，倫理的な配慮もあわせて学ぶことが重要である。〔　　　〕
　9．専門家としての心理支援者に求められる学びとトレーニングの中心に位置づけられるのは，自分が担当するケースについての事例検討である。〔　　　〕
　10．心理学的支援法を学び続け，クライアントや関係者・周囲から信頼される心理支援者として認められるようになるには，長い道のりを歩んでいくことが求められる。〔　　　〕

理解度確認テストの解答 ────────────

第1章

問1．　1－c　　2－b　　3－e　　4－a　　5－f
問2．　6－×　　7－○　　8－○　　9－×　　10－×

第2章

問1．　1－b　　2－f　　3－e　　4－c　　5－a
問2．　6－×　　7－×　　8－×　　9－○　　10－○

第3章

問1．　1－d　　2－e　　3－e　　4－f　　5－a
問2．　6－×　　7－×　　8－○　　9－○　　10－×

第4章

問1．　1－d　　2－b　　3－f　　4－a　　5－c
問2．　6－×　　7－○　　8－○　　9－×　　10－○

第5章

問1．　1－c　　2－e　　3－f　　4－a　　5－b
問2．　6－×　　7－○　　8－×　　9－×　　10－○

第6章

問1．　1－c　　2－e　　3－f　　4－b　　5－d
問2．　6－○　　7－○　　8－×　　9－×　　10－○

第7章

問1．　1－e　　2－b　　3－f　　4－a　　5－c
問2．　6－×　　7－○　　8－○　　9－×　　10－○

第8章

問1．　1－c　　2－f　　3－d　　4－a　　5－b
問2．　6－×　　7－○　　8－○　　9－×　　10－○

第 9 章

問 1．　1 － f　　　2 － c　　　3 － e　　　4 － b　　　5 － a
問 2．　6 － ×　　　7 － ○　　　8 － ○　　　9 － ×　　　10 － ×

第 10 章

問 1．　1 － f　　　2 － b　　　3 － d　　　4 － e　　　5 － c
問 2．　6 － ○　　　7 － ○　　　8 － ○　　　9 － ×　　　10 － ○

第 11 章

問 1．　1 － c　　　2 － b　　　3 － f　　　4 － e　　　5 － a
問 2．　6 － ○　　　7 － ○　　　8 － ×　　　9 － ○　　　10 － ○

第 12 章

問 1．　1 － d　　　2 － f　　　3 － a　　　4 － b　　　5 － c
問 2．　6 － ○　　　7 － ×　　　8 － ○　　　9 － ○　　　10 － ○

用 語 集

あ行

IP（identified patient）
患者と見なされる人，患者の役割を担う人。家族療法におけるクライアント観を表す用語。

アウトリーチ（outreach）
相談室などへの来談が困難な場合や，家庭や現場での緊急な対応が求められるような場合などに行われる，訪問による支援の方法。

アサーティブネス（assertiveness）
自他を尊重した自己主張もしくは自己表現のこと。アサーションとも言う。

アタッチメント（愛着）障害（attachment disorder）
子どもの愛着行動に認められる特異な傾向，障害の総称であり，反応性アタッチメント障害（reactive attachment disorder）と脱抑制型対人交流障害（disinhibited social engagement disorder）に大別される。

アタッチメント（愛着）スタイル（attachment style）
親密な対人関係における，個人の行動，思考および感情の特定のパターン。

い じ め（bullying）
特定の他者に対して危害や不快感を与える，意図的かつ反復的な攻撃行動。

インフォームドコンセント（informed consent）
クライアントが支援の内容や方法，効果，期間などについて十分な情報提供を受け，クライアント自身の意思に基づいて提案に同意すること。

内側からの視点（内的照合枠・内的準拠枠）（internal frame of reference）
個人がもつ，自分自身や世界を見ているその人独自の視点のこと。ロジャーズのパーソンセンタードセラピーの基本的概念。

鬱　　病（大うつ病性障害）（major depressive disorder）
ひとつあるいはそれ以上の鬱のエピソードの存在によって特徴づけられる気分障害で，気分の落ち込み，興味関心やエネルギーの低下，食欲の変化，集中力の低下，罪悪感，無価値感，希死念慮といった徴候を伴うことが多い。

エビデンス（evidence）
ある問題に対して，ある特定の方法が効果があると言える科学的・実証的な根拠のこと。

エビデンスベースト・アプローチ（evidence-based approach）
ある心理学的支援法が，どのような心理的問題や苦悩に対して，どの程度の効果をもたら

すことができるのかを，エビデンスに基づいて明確にしていこうとするアプローチ。

エモーションフォーカストセラピー（emotion-focused therapy：EFT）
クライアントの問題の基盤にある情動的スキーム（emotional schemes）に注目し，その適応的な変容を目指す体験的セラピー。

エンカウンターグループ（encounter group）
エンカウンターグループあるいはベーシックエンカウンターグループは，パーソンセンタードセラピーの理論と方法を集団に適用するもので，メンバー間の自発的な自己表現やコミュニケーションによってセッションが進められていく。

円環的因果律（circular causality）
システムの要素は相互に関連し，循環しているので，原因をひとつに特定することはできないとする考え方。原因と結果の直線的な関係を考える直線的因果律とは異なる見方。家族療法の主要な概念。

オペラント条件づけ（operant conditioning）
自発的な行動の頻度が，その行動に伴う結果（報酬や無報酬，罰など）によって増減する条件づけ。スキナーが定式化した。

か行

ガイダンス（guidance）
クライアントが自らの適性や資質を知り，環境への適応性を発揮していくための専門家による指導。米国の 20 世紀初頭における職業ガイダンス（vocational guidance），教育測定／心理測定（educational/psychological measurement），精神衛生（mental hygiene）の動向を源流としている。

解離症（解離性障害）（dissociative disorder）
トラウマ体験やショックな出来事を意識から切り離すために，記憶，情動，知覚，アイデンティティがまとまりを欠いた状態が慢性的に反復継続される。

カウンセリング（counseling）
言語的および非言語的コミュニケーションを通して，クライアントの問題解決や心理社会的機能の促進，人間的成長などを目的に行われる心理学的支援法。

科学者–実践者モデル（scientist-practitioner model）
米国における臨床心理士の養成の理念であり，科学者として，そして実践者として，いずれも高い水準の知識と技能が求められるとするもの。

家族療法（family therapy）
家族をひとつのシステムとしてとらえ，家族全体に介入していく心理療法の総称。

用 語 集 | *181*

過程尺度（process scale：プロセススケール）
ロジャーズらが開発した，パーソンセンタードセラピーにおけるクライアントの変化の過程を測定する尺度。感情と個人的意味づけ，体験過程の様式など，七つの要因から成る。

危機介入（crisis intervention）
対処の限界を超えた危機的な状況にある人に対して，迅速かつ即効的な対応をして，危機を回避させると同時に，その後の適応をはかる支援。また，心理的な側面の支援と予防に対して，心のケアという言葉が使用されることもある。

機能不全家族（dysfunctional family）
家族成員，特に子どもの健全な精神発達や自立的な成長を阻む家族のこと。

逆制止（reciprocal inhibition）**と系統的脱感作法**（systematic desensitization）
逆制止は，問題となる反応と同時に生起しない拮抗反応を学習させる方法である。逆制止の原理をよりシステマティックに活用するのが系統的脱感作法であり，リラックスした状態の中で不安階層表にあげた不安対象に対してイメージを利用して行われる。現実の不安対象に対して脱感作を行う現実脱感作法（in vivo desensitization）と呼ばれる方法もある。

境界性パーソナリティ障害（borderline personality disorder）
対人関係，自己像，感情の不安定および著しい衝動性の広範な様式で，成人期早期までに始まり，種々の状況で明らかになる。

強 化 法（reinforcement）
適応的行動を強化する（ほめる，報酬を与えるなど）方法の総称。代理報酬を用いるトークンエコノミー法（token economy）や，目標行動を構成する下位行動をスモールステップによって形成するシェーピング法（shaping）などがある。

共　　感（empathy）
相手の視点から，相手が経験していることや感じていることを正確に理解すること。

強 迫 症（強迫性障害）：（obsessive-compulsive disorder：OCD）
強迫観念と強迫行為が過剰に見られる状態。

クライアント（client）
心理的な問題や苦悩の解決等のニーズを抱え，心理支援を求める人。もとは法律分野の用語で，自発的な依頼者の意味。

クリエイティブセラピー（creative therapy）
描画，造形，音楽，劇，ダンス，文芸，詩歌といった表現的あるいは芸術的な媒体を活用するセラピーの総称。表現芸術療法（expressive art therapy）などとも言われる。

継続的専門職能力開発（continuing professional development：CPD）
専門的な資格を取得後，学習やトレーニングを継続することによってその専門職としての能力を発展させる機会。

傾　　聴（listening）
クライアントの言語的および非言語的な表現やその存在全体に積極的に関心を寄せ，その語りや感情に耳を傾け，クライアントが自由にそして主体的に語ることができるように促進すること。

ケースカンファレンス（case conference）
支援の過程において，適切な支援を行うために支援者が集まって話し合う会議。

ケースフォーミュレーション（case formulation）
アセスメントで得られた情報に基づいて，問題の発生，問題の持続，問題の改善等の要因やプロセスについての仮説を立て，支援や介入に反映させる枠組み。

ゲシュタルトセラピー（gestalt therapy）
パールズによって提唱された方法で，断片的で不完全な生き方を，より統合的で全体的な生き方へと変容させるために，「今，ここで（here and now）」の体験への覚醒を通して，自分自身を取り戻すことを目指す。

限局性学習症（specific learning disorder）（**学習障害**：learning disabilites：LD）
読字，文章理解，書字，計算，数学的推論などのうち，ひとつ以上の学習や学業的スキルの使用に困難がある状態。

現存在分析（Dasein-analysis）
ビンスワンガーやボスによって提唱された方法で，ハイデッガーの現象学的存在論をとり入れ，個人と世界との関係，あるいは世界の中における個人を存在論的に了解することを目指す。

効　　果（effect）
特定の働きかけや介入などによって現れる，特定の望ましい結果。

行動活性化法（behavior activation）
抑鬱状態における活動レベルの低下などの問題に対して，より肯定的な体験が得られるように，自分にとっての価値に沿った行動を増やすことを目指す認知行動療法の方法。

交流分析（transactional analysis：TA）
バーンによって開発された，自我状態（エゴグラム）や対人交流の分析を中心としたセラピーの方法。

個人心理学（individual psychology）
無意識よりも意識を重視し，過去の体験ではなく未来の目的や予期を踏まえた自己の創造

性を重視する，アドラーによって創始された心理学。

コンサルテーション（consultation）
クライアントに直接関わっている関係者（コンサルティ）に対する支援の枠組みと方法。コンサルティ個人の内的な問題を扱うのではなく，コンサルティの専門性や考え方を尊重し，それを活かすかたちでの助言や支援を行う。

さ行

サイコドラマ（psychodrama）
モレノによって開発された，グループで即興的に演技することを通して，主役が人生における自分の問題を探究する機会を提供する演劇療法のユニークな方法。心理劇。

支援関係
心理学的支援法において心理支援者とクライアントの間につくられる，信頼関係に基づく安全で協働的な関係性。「カウンセリング関係（counseling relationship）」「セラピー関係（therapeutic relationship）」など。

自我心理学（ego psychology）
アンナ・フロイトによって創始された，自我の機能に基づく精神力動的理論。

自己理論（self theory）
ロジャーズが提唱した人格理論。自己概念（その総体としての自己構造）と体験の一致・不一致から人格の適応・不適応をとらえる。

持続性抑鬱障害（別名　気分変調症）（persistent depressive disorder, aka dysthymia）
軽度ではあるが，2年以上持続する慢性的な鬱状態。

実現傾向（actualizing tendency）
ロジャーズが重視した，生命体が自らをよりよく実現していこうとする潜在的な力のこと。

児童虐待（child abuse）
保護者がその監護する子ども（児童）に対して行う虐待行為で，身体的虐待，性的虐待，ネグレクト，心理的虐待が含まれる。

自閉スペクトラム症（autism spectrum disorder：ASD）（自閉性障害：autistic disorder）
社会的コミュニケーションと相互交流の欠如，および行動，関心，活動における限局的・反復的なパターンの二つの症状を特徴とする障害。

嗜　　癖（addiction）
ある特定の物質や行動，人間関係を特に好む傾向のこと。依存とも言う。

十分に機能する人間（fully functioning person）
パーソンセンタードセラピーにおいてクライアントが向かう変化の方向の究極点としてロ

ジャーズが概念化した理想的人間像。体験に開かれる，実存的に生きる，自己の生命体を信頼する，といった方向性からなる。

事例検討（case study）
個々の事例の個別性を重視し，その事例の中に見出される特徴や意味などを明らかにするアプローチ。

身体症状症（somatic symptom disorder）および醜形恐怖症（身体醜形恐怖障害）（body dysmorphic disorder）
いずれも身体症状あるいは身体に関連した認知の歪みがあり，過度な思考，感情，行動を伴う状態である。

心理学的支援法（methods of psychological support）
心理学を基礎とした専門的な支援の諸方法。カウンセリングや心理療法のほかに，アウトリーチ，コンサルテーション，心理教育などの諸方法からなる。

心理支援（psychological support）
心理的な問題や苦悩に関わるさまざまな支援の総称。心理的な問題や苦悩を抱えた当事者への支援に加えて，家族や関係者への支援，地域支援，その他さまざまな支援活動が含まれる。

心理支援者
心理学的支援法を用いて心理支援を提供する専門家。カウンセラー（counselor）あるいはサイコセラピスト（psychotherapist），セラピスト（therapist）など。

心理的問題（psychological problem）と心理的苦悩（psychological distress）
心理的問題とは，人間の心（感情や認知，行動などを含む）に関わる何らかの問題。心理的苦悩は，心理的問題に伴う，当事者や関係者の主観的で個別的な苦しみの経験やその表現。

心理療法（psychotherapy）
カウンセリングとほぼ同義だが，より病理的で臨床的な問題を抱えるクライアントへの，より治療的な支援，そして場合によっては，より長期的な支援を意味することが多い。

スーパービジョン（supervision）
心理支援者などの対人支援者（スーパーバイジー）が，より熟練した専門家（スーパーバイザー）から，支援のスキルや態度等の向上のために指導を受けること。

精神分析（psychoanalysis）と精神力動的セラピー（psychodynamic therapy）
精神分析はフロイトによって創始された，人間の心的メカニズムや精神病理の理論および治療技法の体系であり，フロイト以後の分派を含めた発展的な理論と方法全般を精神力動的セラピーと呼ぶ。

精神分析理論（theory of psychoanalysis）
フロイトによる精神分析の理論体系のことであり，局所論，力動論，エネルギー経済論，発達論（性的発達段階），構造論，防衛機制論などから構成されている。

摂食障害（eating disorder）
心身の健康を損なうような食行動の障害。食べることを制限する神経性やせ症（神経性無食欲症）（anorexia nervosa）と，衝動的に食べる神経性過食症（神経性大食症）（bulimia nervosa）の二つに大別される。

折衷的・統合的・多元的アプローチ（eclectic/integrative/pluralistic approach）
異なる心理学的支援法の理論や方法を包括的に扱うアプローチ。折衷は既存の方法からの選択，統合は既存の理論や方法の合体，多元的アプローチはクライアントおよび他の立場との対話と協働を重視する。

セラピーによる変化のための必要十分条件（necessary and sufficient conditions of therapeutic change）
ロジャーズが提唱したパーソンセンタードセラピーの核心を表現する条件である。六つの条件からなるが，そのうち，一致（あるいは自己一致）（congruence），無条件の肯定的配慮（unconditional positive regard），共感的理解（empathic understanding）の3条件はカウンセラー／セラピストの態度条件，あるいは中核条件（core conditions）とも呼ばれ，心理的な支援関係にとって不可欠な態度であるとされる。中核条件は，一致・受容・共感とも言われる。

セルフモニタリング（self monitering）
自分の行動や思考や感情を自分で観察し記録する行為であり，認知行動療法において活用されている基本的な方法。

双極性障害（bipolar disorder）
過度に躁的な気分と，しばしば入れ替わる鬱のエピソードの存在によって特徴づけられる気分障害。

喪失（loss）**・悲嘆**（grief）
近親者や愛する対象との死別に伴う心理的苦悩。

ソーシャルサポート（social support）
対人関係において他者から得られる種々の心理社会的な支援。

ソーシャルスキルトレーニング（social skills training: SST）
コミュニケーションや対人関係にとって必要なスキルを効果的に学習させる，個人あるいは集団に対する認知行動療法。さまざまなバリエーションや方法があるが，攻撃的でも受身的でもない自己主張の表出をトレーニングする主張性訓練（assertiveness training or assertion training）もそのひとつである。

素 行 症（行為障害）（conduct disorder）
反社会的，攻撃的または反抗的な行動様式が反復的・持続的に現れる状態。

た行

体　　験（experience）
ロジャーズは自己理論において，自分についての観念的な思い込みである自己概念（自己構造）が，知覚的・直感的な体験（sensory and visceral experience）に気づき，それと一致していくことを重視した（知覚的・直感的体験は，感覚的・内臓的体験と訳されることもある）。

体験過程（experiencing）
ジェンドリンによる用語で，現在この瞬間に感じられていて，そこから言葉や豊かな意味が表出される生命体的な過程のこと。ロジャーズの体験の概念を発展させたものである。

体験的セラピー（experiential therapy）
体験過程の推進のために，従来のパーソンセンタードセラピーでは用いられなかった種々の方法を統合していこうとするアプローチ。

第3世代認知行動療法（third-generation cognitive-behavior therapies）
従来の認知行動療法が否定的な思考の修正や制御を目指すのに対して，認知や経験の受容（アクセプタンス）やマインドフルネスを重視するニューウェーブ。弁証法的行動療法（dialectical behavior therapy：DBT），マインドフルネス認知療法（mindfulness-based cognitive therapy：MBCT），アクセプタンス＆コミットメントセラピー（acceptance & commitment therapy：ACT）など。

対象関係論（object relations theory）
メラニー・クラインの理論から発展してきた，内的対象関係を重視する精神力動的理論で，生の本能（エロス）と死の本能（タナトス）の弁証法的対立を臨床的概念として使用する。

対人関係療法（interpersonal therapy：IPT）
サリヴァンの対人関係論などを理論的背景とした，重要な他者との関係性に焦点をあてた現代的・統合的な方法。

ダブルバインド（double bind）
人がメッセージとメタメッセージが矛盾するコミュニケーション状況におかれ，その矛盾から逃れられず，しかもその状況に応答しなければならないような状態。ベイトソンが機能不全家族のコミュニケーション研究から概念化した。

知的能力障害（intellectual disability）（**知的発達症**：intellectual developmental disorder）
全般的な知的発達の明らかな遅れ（おおむね IQ70 未満）と適応行動の障害が 18 歳以前から見られる障害。

知能指数（intellectual quotient：IQ）
知能検査によって測定される精神年齢と，実際の生活年齢の比によって示される指数。精神年齢／生活年齢× 100 によって算出される。

注意欠如・多動症（attention deficit/hyperactivity disorder：AD/HD）
不注意，または多動・衝動性の症状のいくつかが 12 歳以前に存在しており，社会的活動や学業の機能に支障をきたしている状態。

治療同盟（therapeutic alliance）
精神力動的セラピーにおける，治療（支援）関係の構造のことを治療同盟と言う。精神力動的な立場以外では作業同盟（working alliance）とも呼ばれる。

DSM-5（Diagnostic and Statistical Manual of Mental Disorders, 5th edition）
アメリカ精神医学会が編集する精神疾患の診断・統計マニュアルの第 5 版（2013 年改訂）。

デイケア（day care）
在宅の患者や障害者の社会復帰を促進するため，日中に病院や施設で行われる集団的な支援。

適性処遇交互作用（aptitude-treatment interaction：ATI）
クライアントの適性に応じた介入が選択・提供されることで，より効果的な支援が可能になるという観点。

徹底操作（working-through）
精神力動的セラピーにおいて，解釈と洞察を徹底的に繰り返し，抵抗を排除していく過程。徹底作業，反芻処理などの訳もある。

転移（transference）**と抵抗**（resistance）
精神力動的セラピーにおいて被分析者が現す心的現象。転移は，過去に重要な他者（両親など）との間で生じた欲求，感情，葛藤，対人関係パターンなどを，治療（支援）者に対して向ける非現実的態度。抵抗は，意識化したくない無意識的な欲求，感情，葛藤が意識化されそうになったとき，それらが意識に入り込んでくるのを回避しようとする防衛機制である。

動機づけ面接（motivational interviewing：MI）
ミラーらによって開発された，変化しようとするクライアントの内発的な動機づけを高めるように働きかける，クライアント中心ではあるが，やや指示的なセラピー。

統合失調症（schizophrenia）
妄想や幻覚などの陽性症状と，感情の平板化や意欲の欠如などの陰性症状によって特徴づけられる，重篤な精神疾患。

DV（ドメスティック・バイオレンス）（domestic violence）
配偶者や恋人から受ける身体的および精神的な暴力。

トラウマ（trauma）
生命の危機や重傷を負うなどの危機の体験あるいは目撃のこと。トラウマ体験によって，再体験症状，回避・麻痺症状，覚醒亢進症状などの症状が2～4週間続く場合を急性ストレス障害（acute stress disorder: ASD），1カ月以上続く場合を心的外傷後ストレス障害（post-traumatic stress disorder: PTSD）と呼ぶ。

な行

内観療法（naikan therapy）
浄土真宗の身調べという修行法をもとに吉本伊信が開発した内観法から発展した心理療法。「してもらったこと」「して返したこと」「迷惑をかけたこと」の3項目について，重要な他者との関係における自己を見つめ直す。

ニート（not in education, employment or training: NEET）
就学，就労，職業訓練のいずれにも携わっていない，15～34歳までの若年無業者。

認知行動療法（cognitive behavior therapy: CBT）
学習理論を応用して観察可能な行動を変容・修正させる行動療法（behavior therapy）に，認知的アプローチが合流して形成されたカウンセリング／心理療法の総称。

認知再構成法（cognitive reconstruction）
パターン化した自動思考を取り上げ，それ以外の考えやイメージをもつことができるように自動思考の検討を行う方法。ベックの認知療法の代表的技法。

認知症（dementia）
一度獲得した認知的機能が，脳の器質性障害などの要因によって持続的に低下し，日常生活や社会生活に支障が生じている状態。

は行

パーソナリティ障害（personality disorder）
その人の属する文化から期待されるものより著しく偏った，内的体験および行動の持続的様式で，重度の主観的な苦悩や機能障害が現れる。

パーソンセンタードアプローチ（person-centered approach: PCA）
PCAとは，パーソンセンタードセラピーやエンカウンターグループの人間理解や支援のアプローチを，教育，政治，民族間のコミュニケーション，宗教，哲学といった幅広い領域に適用しようとするものである。ロジャーズはそうした活動を「静かなる革命（quiet revolutionary）」と呼んだ。

パーソンセンタードセラピー（person-centered therapy）
ヒューマニスティックなカウンセリング／心理療法の主要な方法のひとつで，個々のクライアントを尊重し，誠実で共感的な支援関係を重視する。非指示的セラピー（non-directive therapy），クライアントセンタードセラピー（client-centered therapy）から発展してきた。

曝露法（exposure）
不安反応を誘発する刺激に一定時間曝すことで，不安を感じさせないことを目指す認知行動療法の技法。エクスポージャーとも言う。

箱庭療法（sandplay therapy）
カルフがユングの理論を取り入れて発展させた技法。内側が水色に塗られた砂箱の中に，選んだミニチュアを自由に置くことで表現される。

発達障害（developmental disorder）（神経発達症群：neurodevelopmental disorder）
発達早期に出現する障害で，多くは就学年齢以前に見られ，さまざまな発達上の機能の障害を示す状態の総称。

パラダイム（paradigm）
ある学問領域や文化などにおいて，一定の時期，多くの人々に共有されている考え方や認識の枠組み。

ひきこもり（withdrawal）
主に，6カ月以上社会参加しない状態が続く，非精神病性の内閉化を指す場合に使われる用語。

非指示的応答（nondirective response）
パーソン（クライアント）センタードセラピーの初期に定式化された基本的な方法。場面構成（structuring），シンプルな受容（simple acceptance），表現内容の繰り返し（restatement of content），感情の反射（reflection of feeling），感情の明確化（clarification of feeling）といった応答からなる。

病態水準（level of pathological condition）
主に精神力動的な精神病理学から提出されてきた，精神疾患の基礎にある精神発達水準を指す用語で，より軽度なものからより病理的な水準へと，神経症水準（神経症圏），境界例水準（境界例圏），精神病水準（精神病圏）に分ける考え方。

不 安 症 （不安障害）（anxiety disorder）
不合理なあるいは強い不安や恐怖によって特徴づけられる状態。

フォーカシング （focusing）
ジェンドリンによって定式化された，カウンセリング／心理療法の中で生じる核心的な動きであり，フェルトセンス（心身の実感）への焦点づけのことである。また，フォーカシングを中核にして，種々の方法を統合的に活用していこうとする方法をフォーカシング指向セラピー（focusing-oriented therapy）と言う。

不 登 校 （別名　登校拒否）（school non-attendance, aka school refusal）
経済的理由や病気などの理由がないにもかかわらず，小・中・高等学校を年間 30 日以上欠席している状態。

ブリーフセラピー （brief therapy）
短期間で効果的に問題解決を図るカウンセリング／心理療法のアプローチ。

プリセラピー （pretherapy）
統合失調症や発達障害などの障害のためにコミュニケーションをとることが難しいクライアントとの間に，接触反射（contact reflection）を用いて心理的接触を築く方法。

プレイセラピー （play therapy）
原則として子どもを対象とする，遊びを主なコミュニケーションの手段として行う心理療法。

プレゼンス （presence）
晩年のロジャーズが重視したパーソンセンタードセラピーにおける人間的態度。相手とともにいることへの誠実な態度のことで，自己への執着から離れて，そこで体験されることに心を開いているあり方。

分析心理学 （analytical psychology）
無意識を個人的無意識と，さらに下層の，個人的体験を超えて人類に共通するイメージを産出する集合的無意識の二つに分け，深層的な次元からの自己実現を目指すユングによって提唱された心理学。

変 換 症 （転換性障害）（別名　機能性神経症状症）（conversion disorder, aka functional neurological symptom disorder）
身体的器質や神経系の異常が認められないにもかかわらず，運動障害，意識障害，感覚障害などが出現する状態。

用　語　集　│　*191*

ま行

民族文化療法（エスノセラピー ethnotherapy）
各文化圏の文化的特徴や土着的な癒しの方法を現代的にアレンジして活用する方法の総称。日本では森田療法，内観療法などがある。

メタ分析（meta-analysis）
同種の実証的研究の結果を統合することにより，総合的な結果を推定する統計的手続き。メタ分析の結果は，平均効果量などの数値で示される。

モデリング（modeling）
直接の強化によらず，他者の行動を観察することを通して学習が成立するプロセスのこと。バンデューラが提唱した社会的学習理論の中心的な概念。

森田療法（morita therapy）
森田正馬により創始された，森田神経質と呼ばれる神経症の治療を目的とした日本的な方法。自然な生の欲望をあるがままに受け入れることを重視する。

問題解決セラピー（problem-solving therapy）
問題や困難に効果的に対処するのに活用できる一連のスキルをクライアントに教える認知行動療法のプログラム。

ら行

ラポール（rapport）
人と人の間に生じる親和的で調和的な関係や雰囲気。狭義にはカウンセリング／心理療法において醸成される特有な心理的状態を指す。

レスポンデント条件づけ（respondent conditioning）
生得的な反応である無条件反応を喚起する無条件刺激と，生得的には反応を喚起しない条件刺激の対呈示によって，新たな反応である条件反応を生起させる条件づけ。パブロフによって条件反射として発見された。

ロゴセラピー（logotherapy）
フランクルによって提唱された方法で，人間の「意味への意志」を重視し，現代人の心理的な病を「実存神経症」ととらえ，その治癒を目指す。

論理療法（論理情動行動療法）（rational emotive behavior therapy：REBT）
非合理的な信念（イラショナルビリーフ）を論駁することを重視する，認知行動療法の先駆的な方法。エリスによって提唱され，当初は論理療法（rational therapy）と呼ばれていたが，その後，論理情動行動療法（REBT）に名称が修正された。

文　献

アドラー，A.　高尾利数訳（1987）．人間知の心理学　春秋社

American Psychiatric Association（2013）．*Diagnostic and statistical manual of mental disorders*（DSM-5）．（アメリカ精神医学会　DSM-5 精神疾患の診断・統計マニュアル　日本精神神経学会日本語版用語監修，高橋三郎・大野裕監訳，染矢俊幸・神庭重信・尾崎紀夫・三村將・村井俊哉訳　2014　DSM-5 精神疾患の診断・統計マニュアル　医学書院）

馬場謙一（2000）．精神分析の基礎理論　鍋田恭孝編　心理療法を学ぶ（改訂版）有斐閣所収

Bandura, A.（1971）．*Psychological modeling: Conflicting theories.* Chicago: Aldine・Atherton.（福島脩美・原野広太郎訳　1975　モデリングの心理学——観察学習の理論と方法　金子書房）

Bateson, G.（1972）．*Steps to an ecology of mind.* San Franciso: Chandler Pubication.（佐藤良明訳　1990　精神の生態学　思索社）

Beck, A. T.（1976）．*Cognitive therapy and the emotional disorders.* New York: Meridian.（ベック，A. T.　大野裕訳　1990　認知療法　岩崎学術出版社）

ベナー，P.　井部俊子監訳（2005）．ベナー看護論——初心者から達人へ（新訳版）　医学書院

バーン，E.　南博訳（2000）．人生ゲーム入門——人間関係の心理学　河出書房新社

ブロンフェンブレンナー，U.　長島貞夫訳（1971）．二つの世界の子どもたち　金子書房

Burry, P. J.（2008）．*Living with "The Gloria Films": A daughter's memory.* Ross-On-Wye: PCCS Books.（バリー，P. J.　末武康弘監修，青葉里知子・堀尾直美訳　2013　グロリアと三人のセラピストとともに生きて——娘による追想　コスモスライブラリー）

近田輝行・日笠摩子（2005）．フォーカシング・ワークブック　日本・精神技術研究所

Consumer Reports（1995, November）．Mental health: Does therapy help?　734-739.

Cooper, M.（2008）．*Essential research findings in counselling and psychotherapy: The facts are friendly.* London: Sage.（クーパー，M.　清水幹夫・末武康弘監訳　2012　エビデンスにもとづくカウンセリング効果の研究——クライアントにとって何が最も役に立つのか　岩崎学術出版社）

Cooper, M. and McLeod, J.（2011）．*Pluralistic counselling and psychotherapy.* London: Sage.（クーパー，M. ＆マクレオッド，J.　末武康弘・清水幹夫監訳　2015　心理臨床への多元的アプローチ——効果的なセラピーの目標・課題・方法　岩崎学術出

版社)

Ellis, A. (1994). *Reason and emotion in psychotherapy: A comprehensive method of treating human disturbances. Revised and updated.* Secaucus: Carol Publishing Group.（エリス，A.　野口京子訳　1999　理性感情行動療法　金子書房）

Frankl, V. E. (1946). *Ein Psycholog erlebt das Konzentrationslager.* Wien: Verlag für Jugend und Volk.（フランクル，V. E.　池田香代子訳　2002　夜と霧（新版）　みすず書房）

フランクル，V. E.　山田邦男訳（2004）．意味による癒し――ロゴセラピー入門　春秋社

福井至編著（2008）．図解による学習理論と認知行動療法　培風館

福島脩美・田上不二夫・沢崎達夫・諸富祥彦編（2004）．カウンセリングプロセスハンドブック　金子書房

布施豊正（1992）．心の危機と民族文化療法　中公新書

Gendlin, E. T. (1961). Experiencing: A variable in the process of therapeutic change. *American Journal of Psychotherapy*, 15, 233-245.（ジェンドリン，E. T.　村瀬孝雄訳　1981　体験過程と心理療法　ナツメ社　所収）

Gendlin, E. T. (1964). A theory of personality change. In P. Worchel and D. Byrne (Eds.), *Personality change.* New York: Wiley, pp. 100-148.（ジェンドリン，E. T.　村瀬孝雄・池見陽訳　1999　セラピープロセスの小さな一歩　金剛出版　所収）

Gendlin, E. T. (1981). *Focusing.* New York: Bantam Books.（ジェンドリン，E. T.　村山正治・都留春夫・村瀬孝雄訳　1982　フォーカシング　福村出版）

Gendlin, E. T. (1996). *Focusing-oriented psychotherapy.* New York: Guilford Press.（ジェンドリン，E. T.　村瀬孝雄・池見陽・日笠摩子監訳　1998/1999　フォーカシング指向心理療法（上）（下）　金剛出版）

Gendlin, E. T. (1997). *A process model.* New York: The Focusing Institute/ Evanston: Northwestern University Press.

Glass, C. R. and Arnkoff, D. B. (2000). Consumers' perspectives on helpful and hindering factors in mental health treatment. *Journal of Clinical Psychology*, 56, 1467-1480.

Goldstein, E. G. (1984). *Ego psychology and social work practice.* New York: Free Press.

Greenberg, L. S. (2011). *Emotion-focused therapy.* Washington, DC: American Psychological Association.（グリーンバーグ，L. S.　岩壁茂・伊藤正哉・細越寛樹監訳　2013　エモーション・フォーカスト・セラピー入門　金剛出版）

Greenberg, L. S., Rice, L. N., and Elliot, R. (1993). *Facilitating emotional change: The moment-by-moment process.* New York: Guilford Press.（グリーンバーグ，L. S., ライス，L. N., &エリオット，R.　岩壁茂訳　2006　感情に働きかける面接技法

——心理療法の統合的アプローチ　誠信書房）

八田武志・中迫勝・三戸秀樹・田尾雅夫（1993）．ストレスとつきあう法——心理学からのアドバイス　有斐閣

Holmes, T. H. and Rahe, R. H. (1967). The social readjustment rating scale. *Journal of Psychosomatic Research*, 11 (2), 213-218.

石隈利紀（1999）．学校心理学　誠信書房

アイビイ，A. E.　福原真知子訳（1985）．マイクロカウンセリング　川島書店

Joseph, S. and Worsley, R. (2005). *Person-centred psychopathology: A positive psychology of mental health*. Ross-on-Wye: PCCS Books.

カバットジン，J.　春木豊訳（2007）．マインドフルネスストレス低減法　北大路書房

金沢吉展（2006）．臨床心理学の倫理をまなぶ　東京大学出版会

金築優（2017）．行動療法と認知行動療法　産業カウンセリング——産業カウンセラー養成講座テキストI　一般社団法人日本産業カウンセラー協会　所収

河合隼雄（2002）．昔話と日本人の心　岩波現代文庫

河合隼雄（2009）．ユング心理学入門　岩波現代文庫

Kirschenbaum, H. (2007). *The life and work of Carl Rogers*. Ross-on-Wye: PCCS Books.

Kirschenbaum, H. and Henderson, V. L. (Eds.) (1989a). *The Carl Rogers Reader*. Boston: Houghton-Mifflin.（カーシェンバウム，H. & ヘンダーソン，V. L. 編　伊東博・村山正治監訳　2001　ロジャーズ選集〈上〉〈下〉　誠信書房）

Kirschenbaum, H. and Henderson, V. L. (Eds.) (1989b). *The Carl Rogers Dialogues*. Boston: Houghton-Mifflin.

Klein, M. H., Mathieu-Coughlan, P., and Kiesler, D. (1986). The Experiencing Scale. In L. S. Greenberg & W. Pinsof (Eds.), *The psychotherapeutic process: A research handbook*. New York: Guilford Press, pp. 21-71.

久能徹・末武康弘・保坂亨・諸富祥彦（2006）．ロジャーズを読む（改訂版）　岩崎学術出版社

ラザラス，A. A.　高石昇・大塚美和子・東斉彰・川島恵美訳（1999）．マルチモード・アプローチ——行動療法の展開　二瓶社

Maluccio, A. N. (1979). *Learning from clients: Interpersonal helping as viewed by clients and social workers*. New York: Free Press.

マクナミー，S. & ガーゲン，K. J. 編　野口裕二・野村直樹訳（1997）．ナラティブ・セラピー　金剛出版

Mearns, D. (1994). *Developing person-centred counseling*. London: Sage.（メァーンズ，D.　諸富祥彦監訳　2000　パーソンセンタード・カウンセリングの実際　コスモス・ライブラリー）

三川俊樹（2011）．精神分析的カウンセリングの理論と技法　楡木満生・田上不二夫編　カウンセリング心理学ハンドブック（上）　金子書房　所収

Milgram, S. (1974). *Obedience to authority: An experimental view*. London: Tavistock Publications. (ミルグラム, S.　山形浩生訳　2012　服従の心理　河出文庫)

ミラー, W. R. & ロルニック, S.　松島義博・後藤恵訳（2007）．動機づけ面接法──基礎・実践編　星和書店

宮田敬一（1994）．ブリーフセラピー入門　金剛出版

水島広子（2009）．臨床家のための対人関係療法入門ガイド　創元社

モレノ, J. L.　増野肇監訳（2006）．サイコドラマ　白揚社

諸富祥彦・村里忠之・末武康弘編著（2009）．ジェンドリン哲学入門──フォーカシングの根底にあるもの　コスモス・ライブラリー

長山恵一・清水康弘（2006）．内観法──実践の仕組みと理論　日本評論社

中西信男・葛西真記子・松山公一（1997）．精神分析的カウンセリング──精神分析とカウンセリングの基礎　ナカニシヤ出版

中山啓太・末武康弘（2013）．サイコセラピーは多くの人々にどのように体験され評価されているのか？──『コンシューマーレポート』（Consumer Report, 1995）の特集記事「メンタルヘルス：セラピーは援助しているか？」より　心理相談研究（神奈川大学心理相談センター紀要), 4, 63-75.

日本カウンセリング・センター編（2009）．友田不二男研究　（財）日本カウンセリング・センター

日本家族研究・家族療法学会編（2013）．家族療法テキストブック　金剛出版

日本心理臨床学会支援活動プロジェクト委員会編（2010）．危機への心理支援学　遠見書房

Norcross, J. C. (Ed.). (2011). *Psychotherapy relationships that work* (2nd ed.). New York: Oxford Unibersity Press.

小此木啓吾（2002）．現代の精神分析　講談社学術文庫

小野京子（2011）．癒しと成長の表現アートセラピー　岩崎学術出版社

Paulson, B. L., Everall, R. D., and Stuart, J. (2001). Client perceptions of hindering experiences in counselling. *Counselling and Psychotherapy Research*, 1(1), 53-61.

Paulson, B. L. and Worth, M. (2002). Counseling for suicide: Client perspectives. *Journal of Counseling & Development*, 80(1), 86-93.

パールズ, F. S.　倉戸ヨシヤ監訳（1990）．ゲシュタルト療法　ナカニシヤ出版

Prouty, G. (1994). *Theoretical evolutions in person-centered/experiential therapy: Applications to schizophrenic and retarded psychoses*. Westport, Conn.: Praeger.

（プラゥティ，G.　岡村達也・日笠摩子訳　2001　プリセラピー　日本評論社）

Rennie, D. L. (1998). *Person-centred counselling: An experiential approach.* London: Sage.

Rice, P. (1978). *The steel shutter.* (ライス，P.　畠瀬稔訳　2003　鋼鉄のシャッター　コスモス・ライブラリー)

Rogers, C. R. (1942). *Counseling and psychotherapy: Newer concepts in practice.* Boston: Houghton-Mifflin. (ロジャーズ，C. R.　末武康弘・保坂亨・諸富祥彦訳　2005a　カウンセリングと心理療法　岩崎学術出版社)

Rogers, C. R. (1951). *Client-centered therapy: Its current practice, implications, and theory.* Boston: Houghton-Mifflin. (ロジャーズ，C. R.　保坂亨・諸富祥彦・末武康弘訳　2005b　クライアント中心療法　岩崎学術出版社)

Rogers, C. R. (1957). The necessary and sufficient conditions of therapeutic personality change. *Journal of Consulting and Clinical Psychology*, **21**(2), 95-103. (伊東博・村山正治監訳　2001　ロジャーズ選集〈上〉　誠信書房　所収)

Rogers, C. R. (1961). *On becoming a person.* Boston: Houghton-Mifflin. (ロジャーズ，C. R.　諸富祥彦・末武康弘・保坂亨　2005c　ロジャーズが語る自己実現の道　岩崎学術出版社)

Rogers, C. R. and Russell, D. E. (2002). *Carl Rogers: The quiet revolutionary.* Reseville, Cal.: Penmarin Books. (ロジャーズ，C. R. ＆ラッセル，D. E.　畠瀬直子訳　2006　カール・ロジャーズ　静かなる革命　誠信書房)

最相葉月 (2014). セラピスト　新潮社

佐治守夫・平木典子・都留春夫訳 (1980). グロリアと3人のセラピスト：トランスクリプト（日本語訳）　日本・精神技術研究所

Sanders, P. (Ed.) (2004). *The tribes of the person-centred nation: An introduction to schools of therapy related to the person-centred approach.* Ross-on-Wye: PCCS Books. (サンダース，P. 編，近田輝行・三國牧子監訳　2007　パーソンセンタード・アプローチの最前線　コスモス・ライブラリー)

佐藤篤司 (2017). 精神分析と精神力動的セラピー　産業カウンセリング――産業カウンセラー養成講座テキストI　一般社団法人日本産業カウンセラー協会　所収

末武康弘 (2002). 臨床心理面接法各論 (3) ――精神分析療法のその後の発展　楡木満生・松原達哉編　臨床心理面接演習　培風館　所収

末武康弘 (2007). 事例検討　産業カウンセリング 事例に学ぶ――事例・逐語記録の書き方と検討（新版）　社団法人日本産業カウンセラー協会　所収

末武康弘 (2016). セラピープロセスの分析　末武康弘・諸富祥彦・得丸智子・村里忠之編著　「主観性を科学化する」質的研究法入門　金子書房　所収

末武康弘 (2017a). カウンセリングとは何か，傾聴の意義と技法，カウンセリングとサイ

コセラピー，来談者中心療法と人間性心理学　産業カウンセリング——産業カウンセラー養成講座テキストI　一般社団法人日本産業カウンセラー協会　所収

末武康弘（2017b）．フォーカシングとTAEをその他の方法とともに多元的に活用するセラピーのためのガイドの作成——多元的フォーカシングセラピー（pluralistic focusing therapy: PFT）のガイド　現代福祉研究（法政大学現代福祉学部紀要），17，7-29.

スキナー，B. F.　河合伊六・長谷川芳典・高山巌・藤田継道訳（2003）．科学と人間行動　二瓶社

スクーズ，R. A.　岡元彩子・馬場謙一訳（2015）．フロイトとアンナ・O——最初の精神分析は失敗したのか　みすず書房

丹野義彦・石垣琢麿・毛利伊吹・佐々木淳・杉山明子（2015）．臨床心理学　有斐閣

Thoma, N. C. and Cecero, J. J. (2009). Is integrative use of techniques in psychotherapy the exception or the rule?　Results of a national survey of doctoral-level practitioners. *Psychotherapy*, **46**(4), 405-417.

東京慈恵会医科大学森田療法センター編（2007）．新時代の森田療法　白揚社

友田不二男（1996）．カウンセリングの技術（第2版）　誠信書房

内山喜久雄・坂野雄二編（2008）．認知行動療法の技法と臨床　日本評論社

Walker, A. M., Rablen, R. A., and Rogers, C. R. (1960). Development of a scale to measure process changes in psychotherapy. *Journal of Clinical Psychology*, **16**(1), 79-85.（ウォーカー，A. M.，ラブレン，R. A.，&ロジャーズ，C. R.　サイコセラピィにおけるプロセスの変化を測定するスケールの発展　伊東博編訳　1966　サイコセラピィの過程〈ロージァズ全集第4巻〉　岩崎学術出版社　所収）

Williamson, E. G. (1939). *How to counsel students*. New York: McGraw-Hill.

ウォルピ，J.　金久卓也監訳（1977）．逆制止による心理療法　誠信書房

Worsley, R. (2002). *Process work in person-centred therapy: Phenomenological and existential perspectives*. Basingstoke: Palgrave Macmillan.

人名索引

あ行

アイゼンク（Eysenck, H. J.） *55, 59, 113*
アイビイ（Ivey, A. E.） *140*
アクスライン（Axline, V. M.） *54, 81*
アッカーマン（Ackerman, N.） *127*
アドラー（Adler, A.） *53, 58*
アレキサンダー（Alexander, F.） *109*
伊東博 *54*
ヴァン・ダーゼン（van Deurzen, E.） *91*
ウィトマー（Witmer, L.） *42*
ウィニコット（Winnicott, D. W.） *102*
ウィリアムソン（Williamson, E. G.） *44, 48*
ウォルピ（Wolpe, J.） *53, 59, 113*
内山喜久雄 *54*
ヴント（Wundt, W. M.） *42*
エリクソン（Erikson, E. H.） *101*
エリクソン（Erickson, M. H.） *129*
エリス（Ellis, A.） *53, 59, 113, 117*
大槻憲二 *54*

か行

片口安史 *54*
カバット-ジン（Kabat-Zinn, J.） *59, 118*
カルフ（Kalff, D.） *135*
河合隼雄 *49, 54*
ガントリップ（Guntrip, H.） *102*
クライン（Klein, M.） *53, 58, 101*
グリーンバーグ（Greenberg, L. S.） *58, 86*
ゴードン（Gordon, T.） *81*
古澤平作 *48*
コフート（Kohut, H.） *58, 109*

さ行

佐治守夫 *54*
サリヴァン（Sullivan, H. S.） *104, 137*
ジェームズ（James, W.） *44*
ジェンドリン（Gendlin, E. T.） *57, 81, 82, 85*
ジャクソン（Jackson, D.） *129*

シュッツ（Schutz, W.） *91*
スキナー（Skinner, B. F.） *53, 59, 113, 115*
スターン（Stern, D. N.） *100*
スピッツ（Spitz, R. A.） *100*
スピネッリ（Spinelli, E.） *91*
ソーン（Thorne, F. C.） *140*

た行

ターマン（Terman, L. M.） *43*
ティーズデール（Teasdale, J.） *59*
友田不二男 *49, 54*

な行

ニーチェ（Nietzsche, F. W.） *103*

は行

パーソンズ（Parsons, F.） *43*
パールズ（Perls, F. S.） *57, 89, 91*
バーン（Berne, E.） *136*
ハイデッガー（Heidegger, M.） *89*
馬場禮子 *54*
パブロフ（Pavlov, I. P.） *113, 115*
パラツォーリ（Selvini-Palazzoli, M.） *129*
バリント（Balint, M.） *102*
ハルトマン（Hartmann, H.） *100*
バンデューラ（Bandura, A.） *59, 113, 116*
ビアーズ（Beers, C. W.） *44*
ビネー（Binet, A.） *43*
ビューゲンタール（Bugental, J.） *90*
ビンスワンガー（Binswanger, L. W.） *57, 89*
ファックス（Fox, L. J.） *49*
フェアバーン（Fairbairn, W. R. D.） *102*
フェレンツィ（Ferenczi, S.） *109*
深谷和子 *54*
プラウティ（Prouty, G.） *86*
フランクル（Frankl, V. E.） *57, 90*
ブロイアー（Breuer, J.） *41*
フロイト（Freud, A.） *45, 53, 58, 98, 100*

フロイト（Freud, S.） *41, 58, 94, 97, 100*
フロム（Fromm, E.） *45, 104*
ヘイズ（Hayes, S. C.） *59, 118*
ベイトソン（Bateson, G.） *128, 129*
ヘイリー（Haley, J.） *129*
ベック（Beck, A. T.） *53, 59, 113, 117*
ベルタランフィ（von Bertalanffy, L.） *128*
ボウルビィ（Bowlby, J. M.） *100*
ボーエン（Bowen, M.） *129*
ホーナイ（Horney, K.） *45, 46, 104*
ホール（Hall, G. S.） *45*
ボス（Boss, M.） *89*

ま行

マーラー（Mahler, M. S.） *100*
マイケンバウム（Meichenbaum, D. H.） *59, 113*
マイヤー（Meyer, A.） *44*
ミニューチン（Minuchin, M.） *129*
ミラー（Miller, W. S.） *137*
村瀬嘉代子 *54*
メスメル（Mesmer, F. A.） *41*

森田正馬 *138*
モレノ（Moreno, J. L.） *91, 134*

や行

ヤーロム（Yalom, I.） *90*
ユング（Jung, C. G.） *45, 53, 58, 102*
吉本伊信 *139*

ら行

ライヒ（Reich, W.） *45*
ラカン（Lacan J.） *58*
ランク（Rank, O.） *45, 46, 109*
リネハン（Linehan, M.） *59, 118*
リバーマン（Liberman R. P.） *59, 114*
レイン（Laing, R. D.） *91*
レヴィン（Lewin, K.） *91*
ロジャーズ（Rogers, C. R.） *46, 48, 53, 57, 64, 66, 71, 75*
ロジャーズ（Rogers, N.） *81, 135*
ロロ・メイ（Rollo May） *90*

事項索引

あ行

アートセラピー　*133*

アウトリーチ（訪問による支援）　*5, 160*

アクセプタンス　→受容

アクセプタンス＆コミットメントセラピー
　59, 112, 114, 118

アサーティブネス　*38*

アセスメント　*145, 147, 148, 155*

アタッチメント(愛着)障害　*30*

　反応性——　*30*

アタッチメント(愛着)スタイル　*22*

アニマルセラピー　*60, 135*

アメリカ心理学会　*42, 45*

アレクサンダーテクニック　*137*

意識　*95*

いじめ　*1, 33*

意志療法　*109*

一致　→自己一致

一般システム理論　*128*

医療　*14, 15*

インターバル　*23*

インターベンション　*147*

インテーク　*144, 147, 148, 151, 170*

インフォームドコンセント　*148, 154*

内側からの視点　*67*

鬱（うつ）　*1, 17*

鬱病（大うつ病性障害）　*35*

エクササイズ　*168*

エクスポージャー　→曝露法

エス（イド）　*98*

エスノセラピー　→民族文化療法

エディプス願望　*97*

エディプス期　→男根期

エディプスコンプレックス　*97*

エネルギー経済論　*96*

エビデンス　*18, 55*

エビデンスベースト・アプローチ　*55, 147*

エモーションフォーカストセラピー　*57, 86*

エロス　*98*

エンカウンターグループ　*58, 65, 79, 80*

構成的——　*80*

円環的因果律　*128*

演劇療法　*60, 135*

演習　*168*

オペラント条件づけ　*53, 113〜115*

音楽療法　*60, 134*

か行

解決焦点型アプローチ（SFA）　*131*

解釈　*108*

ガイダンス　*43, 44, 144*

　キャリア——　*44*

　職業——　*43*

介入

　——技法　*19*

　危機——　*5, 161*

　自我支持的——　*108*

解離症（解離性障害）　*34*

カウンセラー　*7*

　——－クライアント関係　*8*

カウンセリング　*3, 6, 40, 43〜45, 49, 52*

　——＆ガイダンス部会　*45*

　——関係　*8*

　——心理学　*4, 5, 42*

　——心理学部会　*45*

　試行（トライアル）——　*169*

　非指示的——　*49*

カウンセリング／心理療法

　精神力動的な——　*56, 58*

　ヒューマニスティックな——　*56, 57, 64*

『カウンセリングと心理療法』　*48, 66*

科学者-実践者モデル　*54*

拡充法（能動的想像法）　*103*

学生相談所(室)　*3, 44, 45, 49*

家族療法　*53, 54, 59, 127*

家族歴　*152*

過程概念　*71*

過程尺度（プロセススケール）　*71, 146*

眼球運動による脱感作と再処理（EMDR）
　60, 137

関係者　7, 161
関係療法　46
観察　169
感情
　　──の反射　74
　　──の明確化　75
危機　28, 38
　　──介入　5, 161
機能不全家族　28, 37, 128
逆制止　53, 119
逆転移分析　109
キャリア　17, 28
　　──ガイダンス　44
教育　14
　　──相談　3
　　──測定　43
強化　115
　　──スケジュール　115
　　──法　120
境界性パーソナリティ障害　35
境界例圏（パーソナリティ障害圏）　33, 34
共感　13
　　──的理解　70
強迫症（強迫性障害）　34
局所論　95
禁欲規則　107
クライアント　7
　　──要因　18, 22
クライアントセンタードセラピー　46, 53, 54,
　65
『クライアント中心療法』　66
クリエイティブセラピー（表現芸術療法）　54,
　59, 133
経済的問題　38
警察　153
芸術療法　60
傾聴　11
系統的脱感作（法）　53, 119
ケースカンファレンス　170
ケースフォーミュレーション　147, 148, 155
ゲシュタルトセラピー　57, 89, 91
限界　23, 24
見学　169
限局性学習症（学習障害）　29

元型（アーキタイプ）　103
嫌子　115
現存在分析　89
現代的で統合的な理論　135
効果　17, 18
好子　115
口唇期　97
構成的エンカウンターグループ　80
構造
　　──派　129
　　──論　98
行動化　31, 32
合同家族面接　129
行動活性化法　121
行動分析　53, 59
行動療法　53, 54, 112, 113
　　弁証法的──　59, 114, 118
公認心理師　4, 56
肛門期　97
合理化　98
交流分析（TA）　59, 60, 136
高齢期　36
コーピングストラテジー増強法　123
心のケア　5, 161
個人心理学　53, 58, 103
固着　96
古典的条件づけ　114
コミュニケーション　149
　　──派／戦略派　129
　　──パターンの焦点化　131
　　非言語的──　150
コミュニティアプローチ　53, 54
コンサルティ　160
コンサルテーション　5, 148, 160
『コンシューマーレポート』　17
コンプリメント　132
コンプレックス　102

さ行

サイコセラピー　4, 40, 45, 48
サイコセラピスト　7
サイコドラマ　60, 134
再発予防　122

事項索引 | 203

催眠カタルシス法 *41*
催眠療法 *41*
作業同盟 *107*
サバイバルクエスチョン *132*
シェーピング法 *120*
ジェノグラム（家族図） *129, 152*
支援
　——関係 *8, 13, 18, 22*
　親や家族への—— *159*
　家族や関係者への—— *159*
　関係者への—— *160*
自我 *98*
　——支持的介入 *108*
自我心理学 *53, 58, 98, 100*
自己
　——一致 *70, 75*
　——概念 *67*
　——構造 *67*
　——理論 *67*
試行（トライアル）カウンセリング *169*
自己心理学 *58*
自殺 *1, 38*
思春期・青年期 *31*
静かなる革命 *66, 80*
システム理論 *53*
持続性抑鬱障害 *34*
実現傾向 *66*
実習 *168*
実存的・ヒューマニスティックセラピー *57,
　89*
実存哲学 *88*
実存分析の英国学派 *91*
児童虐待 *1, 29, 30, 153*
自動思考 *118, 121*
児童相談所 *3, 153*
シネマセラピー *60, 135*
自閉スペクトラム症（自閉性障害） *1, 29*
嗜癖 *37*
社会的学習理論 *113, 116*
弱化 *115*
宗教 *15, 16*
醜形恐怖症（身体醜形恐怖障害） *31*
終結
　——の段階 *162*

　——の手続き *163*
　——の目安 *162*
集合的無意識 *103*
修正情動体験 *109*
十分に機能する人間 *72*
自由連想 *146*
　——の原則 *106*
　——法 *41*
主訴 *151*
主張性 *17, 38*
守秘義務 *153, 154*
受容（アクセプタンス） *118*
　シンプルな—— *74*
ジョイニング *130*
昇華 *99*
障害 *27*
条件づけ
　オペラント—— *53, 113〜115*
　古典的—— *114*
　レスポンデント—— *113, 114*
条件反射 *115*
職業ガイダンス *43*
少年法 *32*
事例検討 *171*
神経症圏 *33*
人生の意味 *28*
身体化 *31*
身体症状症 *31*
心的決定論 *96*
新フロイト派 *58*
心理アセスメント *54*
心理学 *42*
　カウンセリング—— *4, 5, 42*
　個人—— *53, 58, 103*
　自我—— *53, 58, 98, 100*
　自己—— *58*
　人間性—— *88*
　分析—— *49, 53, 54, 58, 102*
　臨床—— *4, 5, 42*
心理学的支援法 *1, 4〜6, 52*
　——の限界 *23*
　——の特質 *11*
心理教育（心の健康教育） *5, 161*
心理クリニック *42*

心理検査　43
心理支援　1, 4〜6
　──者　7
　個人的──　158
心理社会的（な）機能　18, 22, 163
心理測定　43
心理的応急措置　161
心理的苦悩　1, 26, 27
心理的問題　1, 26, 27
心理療法　3, 4, 6, 40, 52
推論の誤り　118
スーパーバイザー　21, 173
スーパービジョン　20, 173
スキーマ　118
　──療法　59, 122
スクールカウンセラー　3
スクールカウンセリング　160
スケーリングクエスチョン　132
ストレス　17, 28
　──関連問題　36
生育歴　152
性器期　97
性器統裁　97
精神衛生　43
成人期・高齢期　33
精神測定　43
精神病圏　33, 35
精神分析　41, 48, 53, 54, 58, 94
　──理論　95
　ラカン派──　58
精神力動的セラピー　53, 54, 94, 146
精神療法　4, 49
性的な問題　31
性的発達段階　96
摂食障害　31
セッション　13, 23
折衷的アプローチ　140
折衷的・統合的・多元的アプローチ　60
セラピー関係　8
セラピーによる変化のための必要十分条件　69
セラピスト　7
セラピスト - クライアント関係　8
セルフモニタリング　120
前意識　95

選択性緘黙（場面緘黙）　30
潜伏期　97
双極性障害　36
喪失　38
相談・治療歴　152
ソーシャルサポート　22
ソーシャルスキルトレーニング（SST）　59, 114, 116
ソーシャルワーク　14, 15
素行症（行為障害）　33
ソリューションフォーカスト・アプローチ（SFA）　129, 131

た行

体験　67, 82
体験過程　82
　──スケール（EXP scale）　84
体験的アプローチ　85
体験的セラピー　58, 65, 79, 85
　プロセス──　85
退行　99
第 3 世代認知行動療法　114, 118
対象関係論　53, 58, 101
対人関係療法（IPT）　59, 60, 137
ダイバーシティ　38
多元的アプローチ　141
多世代派　129
脱抑制型対人交流障害　30
タナトス　98
ダブルバインド　128
段階
　終結の──　148, 162
　初期の──　148, 149
　探究の──　148
　展開の──　148, 158
男根期（エディプス期）　97
ダンスムーブメントセラピー　60, 134
力への意志　103
逐語記録　169
チック症　31
知的能力障害（知的発達症）　29
知能指数（IQ）　43
注意欠如・多動症（AD/HD）　1, 29

中断（ドロップアウト）　164
超自我　98
治療的退行　107, 146
治療同盟　107, 146
デイケア　170
抵抗　108, 146
適性処遇交互作用（ATI）　157
適切な支援法の選択　157
徹底操作　108, 147
転移　107, 146
　　──の分析　107
同一化　98
投影　99
動機づけ　17, 22
動機づけ面接（MI）　60, 137
統合失調症　35
統合的アプローチ　140
動作法（臨床動作法）　137
当事者　7, 161
動物磁気療法　41
トークンエコノミー法　120
トラウマ（心理的外傷）　1, 17, 38
　　複雑性──　30
トリートメント　145

な行

内観療法　59, 60, 139
内受容性曝露法　123
内的準拠枠　67
内的照合枠　67
内閉化　31
ナラティブセラピー　53, 54, 60, 129
ニーズ　152
ニート　38
日本心理臨床学会　55
日本臨床心理学会　55
人間性心理学　88
人間的成長　18, 38
認知行動的カウンセリング／認知行動療法
　56, 59
認知行動療法　53, 54, 58, 59, 112, 147
　第3世代──　114, 118
認知再構成法　121

認知症　36
認知的アプローチ　112, 113, 116
認知分析的セラピー　137
認知療法　53, 59, 112
　マインドフルネス──　59, 112, 114, 118
　メタ──　59, 122
認知理論　116, 117
能動的想像法　→拡充法

は行

パーソナリティ障害　35
　境界性──　35
パーソンセンタードアプローチ（PCA）　65,
　79, 80
パーソンセンタードセラピー　46, 53, 57, 64,
　65, 70, 79, 89, 145
　　──の中核条件　70
俳句連句療法　60, 139
曝露・反応妨害法　123
曝露法（エクスポージャー）　121
　内受容性──　123
箱庭療法　54, 60, 135
発達障害（神経発達症群）　1, 29
発達段階　27, 28
　性的──　96
発達論　96
跋魔術　41
場面構成　73
ハラスメント　1, 28, 38
パラダイム　56
犯罪被害　38
反動形成　98
反応性アタッチメント障害　30
ひきこもり　1, 32
非言語的コミュニケーション　150
非行　31, 32
非合理的信念（イラショナルビリーフ）　117
非指示的応答　73
非指示的カウンセリング　49
非指示的セラピー　65
『ヒステリー研究』　41
悲嘆　38
ビブリオセラピー（読書療法）　60, 135

ヒューマニスティックセラピー　88, 90
表現芸術療法　→クリエイティブセラピー
表現内容の繰り返し　74
病態水準　28
病理　27
不安症（不安障害）　34
フェルデンクライス法　137
フェルトセンス　82
フォーカシング　84
　　──指向セラピー　57, 65, 79
フォローアップ　145, 147, 163
複雑性トラウマ　30
不登校（登校拒否）　1, 32
プライバシーの配慮　153
ブリーフセラピー　53, 54, 59, 127, 130
プリセラピー　86
プレイセラピー　54, 60, 135
プレゼンス　75
プロセス　144
　　──体験的セラピー　85
　　──についての統合的観点　148
プロセスワーク　85
分析心理学（ユング心理学）　49, 53, 54, 58, 102
分離不安症　29, 30
ベースライン　147
変換症（転換性障害）　34
弁証法的行動療法（DBT）　59, 114, 118
防衛機制　98
法律相談　14, 15
ボディワーク　60, 137

ま行

マインドフルネス　118
　　──認知療法　59, 112, 114, 118
ミネソタモデル　44, 45
ミラクルクエスチョン　132
ミラノ派／システミック派　129
民族文化療法（エスノセラピー）　54, 59, 60, 138
無意識　95
　　集合的──　103
無条件の肯定的配慮　70
メタ認知療法　59, 122

メタ分析　55
面接　170
　　──記録　169
メンタライゼーション　109
メンタルヘルス　17
妄想的‐シゾイド的態勢　101
目的論　103
目標　152
モデリング　59, 116
森田療法　59, 60, 138
問題解決セラピー　122
問題焦点型アプローチ　131
問題歴　152

や行

夢解釈　41
『夢判断』　41
幼児期・児童期　28
抑圧　98
抑鬱的態勢　101
欲動　98
予防　5
四体液説　41

ら行

ライフサイクル　101
ラカン派精神分析　58
ラビリンスウォーク　137
ラポール　74, 148, 149
リアリティセラピー　60, 137
力動論　96
リソースの活用　132
リビドー　96
リファー（委託・紹介）　21, 23, 24, 145, 157, 164
リフレーミング　130
リラクセーションセラピー　109
臨床心理学　4, 5, 42
　　──部会　48
臨床心理士　3, 54, 55
臨床心理士（clinical psychologist）　48, 54
倫理　153, 154

事項索引 | *207*

例外探し　*132*
レスポンデント条件づけ　*113, 114*
ロールプレイ　*168*
ロゴセラピー　*57, 89, 90*
論理療法（論理情動行動療法：REBT）　*53,*
　59, 112, 116, 117

わ行

『わが魂にあうまで』　*44*

アルファベット

AD/HD　→注意欠如・多動症

AEDP（加速化体験力動療法）　*137*
CPD（継続的専門職能力開発）　*173*
DBT　→弁証法的行動療法
DSM-5　*28, 33, 35*
DV（ドメスティック・バイオレンス）　*1, 38*
EMDR　→眼球運動による脱感作と再処理
IP（identified patient）　*128*
MRI（Mental Research Institute）　*129*
NLP（神経言語プログラミング）　*137*
PTSD（心的外傷後ストレス障害）　*30*
REBT　→論理療法（論理情動行動療法）
SE（ソマティック・エクスペリエンス）療法
　137

■著者紹介

末武　康弘（すえたけ　やすひろ）

1982年　筑波大学第二学群人間学類卒業
1989年　筑波大学大学院教育学研究科教育学専攻博士課程単位取得退学
1991年　女子美術大学芸術学部助教授
1993年　明治学院大学文学部助教授
1996年　法政大学文学部助教授
2001年　法政大学現代福祉学部現代福祉学科助教授
2004年　法政大学現代福祉学部現代福祉学科・大学院人間社会研究科教授
2012-2013年　法政大学大学院人間社会研究科長
2014-2016年　法政大学現代福祉学部長
現　職　法政大学現代福祉学部臨床心理学科・大学院人間社会研究科教授，博士（学術），臨床心理士
著　書　『「主観性を科学化する」質的研究法入門』（共編著）（金子書房，2016年），『ジェンドリン哲学入門』（共編著）（コスモス・ライブラリー，2009年），『ロジャーズを読む［改訂版］』（共著）（岩崎学術出版社，2006年）
訳　書　『心理臨床への多元的アプローチ』（共監訳）（岩崎学術出版社，2015年），『エビデンスにもとづくカウンセリング効果の研究』（共監訳）（岩崎学術出版社，2012年），『ロジャーズ主要著作集1～3』（共訳）（岩崎学術出版社，2005年）

心理学的支援法——カウンセリングと心理療法の基礎

2018年4月25日　第1刷発行

著　者　末　武　康　弘

発 行 者　柴　田　敏　樹

印 刷 者　田　中　雅　博

発 行 所　株式会社　誠 信 書 房
〒112-0012 東京都文京区大塚3-20-6
電話 03（3946）5666
http://www.seishinshobo.co.jp/

印刷／製本：創栄図書印刷㈱
© Yasuhiro Suetake, 2018　Printed in Japan

落丁・乱丁本はお取り替えいたします
ISBN978-4-414-41640-4 C3011

JCOPY 〈㈳出版者著作権管理機構　委託出版物〉
本書の無断複写は著作権法上での例外を除き禁じられています。複写される場合は、その
つど事前に、㈳出版者著作権管理機構（電話 03-3513-6969、FAX 03-3513-6979、e-mail：
info@jcopy.or.jp）の許諾を得てください。

はじめてのカウンセリング入門 上
カウンセリングとは何か

諸富祥彦 著

カウンセリングをはじめて学ぶ人に向けて書かれた入門書。カウンセリングとは、苦しみ悩む人を支援したり、個人や集団が成長していくように促したりする、人生を豊かにする技術のことである。上巻では、カウンセリングの核心、カウンセラーに必要な三つの条件や、悩みを相談される場合の5つのパターンなど、カウンセリングの世界の大枠を解説する。

主要目次
■パート1　カウンセリングとはなにか
レッスン1　「カウンセリングの核心」とは
レッスン2　本気で生きよ。自分を見つめよ
レッスン3　カウンセリングを学ぶと，人生が変わる！
レッスン4　身近な体験からカウンセリングを考える
レッスン5　カウンセリングと、似ているもの（隣接領域）との違い
レッスン6　カウンセリングの定義
レッスン7　カウンセリングのルールと枠

四六判上製　定価(本体1700円+税)

はじめてのカウンセリング入門 下
ほんものの傾聴を学ぶ

諸富祥彦 著

カウンセリングに欠かせない「傾聴」の技術を軸に、カウンセラーがクライアントと向き合うための、さまざまなアプローチを紹介。

主要目次
■パート2　カウンセリングの三つのアプローチと理論
レッスン8　カウンセリングの三つのアプローチ
レッスン9　カウンセリングの主な理論を大まかに知ろう
■パート3　「ほんものの傾聴」を学ぶ
レッスン10　カウンセリング最強の技法は「ほんものの傾聴」である
レッスン11　傾聴についての、よくある疑問、質問
レッスン12　ほんものの傾聴を学ぼう！傾聴の5ステップ・トレーニング
■パート4　カウンセリングの学び方
レッスン13　カウンセリングの実際を知ろう
レッスン14　カウンセリングをどう学ぶか
レッスン15　体験談　カウンセリングを学んで、私はこう変わった

四六判上製　定価(本体2200円+税)

新しいカウンセリング の技法
カウンセリングのプロセスと具体的な進め方

諸富祥彦 著

この1冊でカウンセリングの実際と具体的な進め方がまるごとわかる！重要技法の使いどころを完全網羅した現場で役立つ画期的な技法書。

主要目次
- 第1章　はじめて学ぶ人のために①—あらゆるカウンセリングの基本
- 第2章　はじめて学ぶ人のために②—よい「傾聴」の基本姿勢
- 第3章　カウンセリングの基本的な流れ—カウンセリングのプロセスは「三段階方式」で
- 第4章　六種類のカウンセリング・プロセス
- 第5章　面接の前に—カウンセリングの「五つの枠」を整えておく
- 第6章　いよいよ開始！—受付時とインテーク面接で聴いておくべきポイント／他

四六判上製　定価（本体2100円＋税）

インタラクティブ・フォーカシング・セラピー
カウンセラーの力量アップのために

J.クライン 著
諸富祥彦 監訳　前田満寿美 訳

インタラクティヴ・フォーカシングは、二人の間の、深いこころの相互作用（インタラクション）を大切にした交流の方法である。これはフォーカシングの最新の形態であるとともに、カウンセリングにおける聴く力（リスニング）を飛躍的に向上させるための最強のトレーニング法でもある。

主要目次
1. 事例検討——不成功に終わったカウンセリングのパラドックス
2. インタラクティヴ・フォーカシングとは
3. シングルウィング（片側）法を用いたカウンセリング
4. インタラクティヴ・フォーカシング・セラピーでのリスニング
5. 相手の良さを認める
6. お互いに耳をかさなくなったカップルとのインタラクティヴ・フォーカシング・セラピー／他

A5判並製　定価（本体2500円＋税）

共感的傾聴術
精神分析的に"聴く"力を高める

古宮 昇 著

傾聴の理論基盤を精神分析に求め、抵抗、転移・逆転移等の扱い方を逐語録とともに解説。共感をキーワードに傾聴のひとつの形を示す。

主要目次
第Ⅰ章　精神分析的カウンセリングにおける共感
　第1節　共感は来談者中心療法で、精神分析は冷たい鏡の態度？
　第2節　共感に関する脳科学の知見
第Ⅱ章　精神分析概念のおさらい
　第1節　フロイトの性心理発達段階
　第2節　エディプス・コンプレックス
　第3節　抵抗／他
第Ⅲ章　精神分析的傾聴カウンセリングの実際
　事例1　カウンセラーに不信感を抱く男子大学生
　事例2　エディプス葛藤に苦悩する男子高校生
　事例3　親との同一化に苦しむ男性高校教師
　事例4　カウンセラーへの転移反応を起こす女子大生／他

A5判並製　定価(本体2700円＋税)

傾聴術
ひとりで磨ける"聴く"技術

古宮 昇 著

傾聴の基礎にある来談者中心療法の真髄を、9つの実際的な場面設定の練習問題で分かりやすく解説。面接者の応答は話し手にどう伝わるか、どの応答なら話し手は本音を語ることができるのか、また、傾聴の無駄のない学び方も紹介した、今までにない傾聴技法の独学用テキスト。

目次
第1章　「傾聴」という援助法について
　◆悩んでいる人を支える方法について
　◆傾聴がなぜ支えになるのか
第2章　傾聴トレーニングの実践
　　　──応答の仕方
　◆不登校で苦しむ女子中学生
　◆自殺をしたいという元会社員の男性
　◆離婚したいという主婦
　◆就職面接が不安だと訴えるニートの青年
第3章　傾聴の実際
　◆とにかく話し手を理解し、その理解を返そうと努めること
　◆「間違えた！」と思ったとき
第4章　傾聴力をつけるために
　◆傾聴力がつく学び方、つかない学び方
　◆傾聴のコツ

四六判並製　定価(本体1400円＋税)

シナリオで学ぶ医療現場の臨床心理検査

津川律子・篠竹利和 著

様々な規模の医療現場を想定したシナリオで、心理検査の実施方法・臨床実務を解き明かした手引書。実施上のポイントも解説。

目次
第1章　心理検査を行う前に
第2章　心理検査の導入
　　　　──ラポールの実際
第3章　心理検査依頼書に基づいた心理検査の実施(1)──復習を兼ねて
第4章　心理検査依頼書に基づいた心理検査の実施(2)
　　　　──カルテを読むとは？
第5章　検査実施法「熟知」への第一歩
　　　　── WAIS-Ⅲを例として
第6章　心理検査の中断をめぐって
　　　　──ロールシャッハ法(1)
第7章　心理検査の終わり方
　　　　──ロールシャッハ法(2)
第8章　子どもと検査で出会うには
　　　　──幼児・児童の心理検査場面
付録　　ビギナーのために

A5判並製　定価(本体2300円＋税)

心理臨床実践
身体科医療を中心とした心理職のためのガイドブック

矢永由里子 編

ベテランが現場を語り読者に実践へのヒントを投げかける。より良い出会い、アセスメント、カルテの書き方、地域と繋がる臨床のために。

目次
第Ⅰ部　実践編 その1──出会う・関わる
第1章　出会うということ
第2章　アセスメント
第Ⅱ部　実践編 その2──伝える・表現する
第3章　チーム医療
第4章　カルテなどを通して表現するということ
第Ⅲ部　地域臨床実践編──拓く・つながる
第5章　拓く──地域へ向けて
第6章　地域でつながる・活動するということ
第Ⅳ部　思索編──考える・自らに問う
第7章　心理臨床を追い求めて
　　　　──心理臨床のエッセンス
第8章　臨床で意識したい視点と今後の取り組みのヒント / 他

A5判並製　定価(本体2700円＋税)

ロジャーズ選集（上・下）
カウンセラーなら一度は読んでおきたい厳選 33 論文
H. カーシェンバウム・V.L. ヘンダーソン編　伊東 博・村山正治監訳

ロジャーズの 60 年余りの長いキャリアから多様で深みのある業績を一望するに最適の書。個人的成長、教育、科学、哲学といった専門的な論文から私生活におけるエッセイまで未邦訳のものも含め 33 著作を紹介する。

[上巻目次]
第 I 部　私を語る
　1　私を語る
　2　私の結婚
　3　老いること
　4　85 歳を迎えて
第 II 部　セラピーの関係
　5　より新しいサイコセラピー
　6　指示的アプローチ対非指示的アプローチ
　7　ハーバート・ブライアンのケース
　8　援助関係の特質
　9　気持ちのリフレクションと転移
　10　クライエント・センタード／パーソン・センタード・アプローチ
第 III 部　過程のなかの人間
　11　症例 エレン・ウェストと孤独
　12　価値に対する現代的アプローチ
　13　結婚しますか？
第 IV 部　理論と研究
　14　二つの研究から学んだこと
　15　サイコセラピー技術の改善における電気録音面接の利用
　16　セラピーによるパーソナリティ変化の必要にして十分な条件
　17　クライエント・センタードの枠組みから発展したセラピー、パーソナリティ、人間関係の理論

[下巻目次]
第 V 部　人間の科学
　18　行動科学における現行の前提諸条件について
　19　もっと人間的な人間科学に向けて
第 VI 部　教育
　20　教授と学習についての私見
　21　学習を促進する対人関係
　22　教育の政治学
第 VII 部　援助専門職
　23　グループのなかで促進的人間であることができるか？
　24　援助専門職の新しい挑戦課題
　25　援助専門職の政治学
第 VIII 部　人間論
　26　「人間の本質」について
　27　十分に機能する人間
　28　現実は「ひとつ」でなければならないか？
第 IX 部　より人間らしい世界
　29　社会的な意義
　30　異文化間の緊張の解決
　31　一心理学者、核戦争をこう見る
　32　ラスト・ワークショップ
　33　ソビエトにおける専門職世界の内側

A5判並製 定価 (本体各 3800 円＋税)